우리말 법화경 사경

도서출판
좋은인연

우리말 법화경 사경 제4권

姚秦三藏法師鳩摩羅什奉詔譯
(요진삼장법사구마라집봉조역)

제8	오백제자수기품	12
제9	수학무학인기품	49
제10	법사품	68
제11	견보탑품	103
제12	제바달다품	143
제13	권지품	172

우리말 법화경 사경노트를 내면서

　법화경은 교상판석의 분류를 통해 보면 그 교리적 위치를 확연히 알 수 있습니다. 사실 교상판석을 통해 보지 않더라도 우리 불자들에게 널리 읽히는 것만 보더라도 얼마나 중요하고 대단한 경인지 알 수 있습니다.
　법화경이 이렇게 중요한 것은 법화경에 부처님의 대단한 메시지가 들어있기 때문입니다.

　그렇다면 어떤 메시지가 있는가?
　첫째, 삶의 자신감을 가져다줍니다.
　법화경에는 많은 수기 이야기가 나옵니다. 심지어 여러 방법으로 부처님을 해하려고 했던 제바달다에게조차 부처님께서는 '과거 인연공덕으로 너도 후일 부처가 될 것이다'라고 말씀하십니다. 그래서 법화경은 우리에게 희망의 메시지를 주는 경인 것입니다.

　둘째, 이 법화경은 공간에서의 평화를 제공합니다.
　법화경은 통일원리, 개권현실경이기 때문에 이 경전을 통하면 가정이든 사회든 사람 사는 어느 곳이든지 모두 평화를 주는 그런 힘을 가진 경입니다.

셋째, 영원한 생명력을 깨닫게 해줍니다.
영원한 생명력이신 부처님의 그 영원한 법신, 본래 부처님 본불(本佛) 사상이 다 드러나 있기 때문에 우리에게 영원한 생명력이 무엇인지 그것을 깨닫게 해줍니다.

넷째, 제 25품 관세음보살보문품과 같이 부처님의 불가사의한 힘을 우리에게 나타내면서 바라는 바를 성취시켜줍니다.

다시 요약하여 말씀드리면 이 법화경의 힘, 법화경이 가지고 있는 그 공덕, 법화경이 담고 있는 메시지의 힘은 네 가지입니다.

첫째, 삶의 자신감을 준다.
둘째, 공간에서의 평화를 제공해 준다.
셋째, 영원한 생력을 깨닫게 해준다.
넷째, 바라는 바를 성취시켜 준다.

영국의 유명한 역사학자 아놀드 토인비가 1975년 마지막 강의를 하면서 다음과 같은 질문을 받았습니다.
"20세기 가장 큰 사건이 무엇이라고 생각하십니까?"
아놀드 토인비가 말했습니다.
"동양의 불교가 서양에 전래된 것입니다. 세계 평화를 가져다 줄 종교는 불교밖에 없기 때문입니다."

그만큼 불교가 유럽에 소개된 것은 큰 사건이었습니다. 그리고 토인비가 말했습니다.
"제가 여러분께 권하는 10가지 책이 있습니다. 그 중에서 불교경전인 『법화경』을 꼭 읽어보시기 바랍니다."

법화경은 토인비의 말대로 평화의 메시지, 평화의 힘이 있는 경전입니다. 우리는 모두 평화를 갈구하며 살고 있지 않습니까? 가정에서나 사회에서나 인간관계에 있어서 평화만큼 좋은 것이 없습니다. 바로 이 법화경에 그 평화의 메시지가 깃들어 있다는 말입니다. 공부하시다보면 왜 그러한지 알게 되실 것입니다.
그래서 옛사람들은 '용을 그리고도 용의 눈을 그리지 못하면 용을 그리지 못한 것처럼 많은 불교경전을 공부하였어도 법화경을 공부하지 않았다면 불교공부를 다하지 못한 것과 같다'라고 말하였습니다. 즉, 모든 불교경전의 결론을 내는 공부가 바로 법화경입니다. 그만큼 중요한 경전을 우리가 현재 만나고 있는 것입니다.

無一 우학 스님의 〈법화경〉 강의 중에서
- 도서출판 좋은인연 편집부 -

사경의 의의

　사경이란 경전 말씀을 따라 쓰거나 옮겨 쓴다는 뜻으로 기도 수행의 한 방편입니다. 사경은 스스로 그 마음을 맑혀가는 거룩한 자기 불사(佛事)입니다. 이렇게 사경한 종이는 탑 등에 봉안되는데 불국사 석가탑에 모셔져 있다가 얼마전 세간에 알려진 무구정광 대다라니가 그 대표적 예입니다.

사경의 공덕

　깨끗하고 맑은 마음으로 부처님의 원음(圓音)을 옮겨쓰는 불자는 이미 윤회의 고통을 벗어나 있습니다. 정성다해 사경하는 이에게는 불보살님의 가피와 위신력이 있어 일체 모든 장애는 사라지고 기쁨이 늘 충만한 삶이 전개될 것입니다.

— 사경의 공덕이 탑을 조성하는 것보다 수승하다(도행반야경 탑품).
— 만약 어떤 사람이 경전을 사경, 수지, 해설하면 대원을 성취한다(법화경 법사공덕품).
— 무수한 세월 동안 물질로 보시한 공덕보다 경전을 사경, 수지, 독송하여 다른 이를 위해 해설한 공덕이 수승하다(금강경 지경공덕분).

사경 순서

1. 몸을 청정히 한다.
2. 부처님 사진 등을 모시고 향을 피운다.
3. 예불을 올린다.
4. 사경 발원문을 독송한다.
5. 정성껏 사경에 들어간다.
6. 사경 회향문을 읽고 부처님 전에 삼배한다.

사경발원문

사경제자 _____ 합장

사경시작 _____ 년 _____ 월 _____ 일

기도는 죽음 직전에 가지는 간절한 참회처럼 정성이 지극할 때 응답은 확실히 옵니다. 진리로 계신 법신의 부처님은 감응에 빈틈이 없으십니다. 의심하는 마음이 한구석도 없을 때, 나를 완전히 던졌을 때 가피력은 옵니다.

기도는 곧 종교이며 종교는 곧 체험입니다. 굶주린 자가 밥을 찾듯이 목마른 자가 물을 찾듯이 고양이가 쥐를 잡듯이 온 정성과 힘을 모아야 합니다. 모기가 무쇠 솥을 뚫고 계란이 바위를 깨뜨리는 힘이 기도에는 있습니다.

만 리에 구름이 없으니 만 리가 하늘이라, 여기가 곧 해탈이요 열반입니다.

― 無― 우학 스님의 〈법문 속의 명구〉 중에서 ―

제 팔 오백제자수기품

그때 부루나미다라니자가 부처님으로부터 지혜와 방편으로 중생들의 근기에 따라 적절하게 설하시는 수의설법을 듣자오며, 또 큰 제자들에게 아뇩다라삼먁삼보리의 수기 주시는 것과 지난 세상 인연의 일과 부처님들께서는 크게 자재하신 신통력이 있으시다는 것을 들었다.

第 八　五百弟子授記品

爾時 富樓那彌多羅尼子 從佛聞是 智慧方便 隨宜說法 又聞授諸大弟子 阿耨多羅三藐三菩提記 復聞宿世因緣之事 復聞諸佛有大自在 神通之力

그래서 미증유를 얻고 마음이 맑아지고 뛸 듯이 기뻐지므로, 자리에서 일어나 부처님 앞으로 나아가 머리를 숙여 부처님의 발에 예배하고 한쪽으로 물러서서 부처님의 존안을 우러러보며 눈을 잠시도 떼지 않고 이런 생각을 하였다.

'세존께서는 매우 특별하시며 하시는 일도 불가사의하구나. 세상의 여러 가지 종성에 따라 방편

得未曾有 心淨踊躍 卽從座起 到於佛前 頭面禮足 却住一面 瞻仰尊顔 目不暫捨 而作是念 世尊 甚奇特 所爲希有 隨順世間若干種性 以

과 지견으로 설법을 하시어 곳곳마다에 욕심 내고 집착하는 중생들을 구해 주시니, 우리들이 부처님의 공덕을 말로는 할 수가 없겠구나. 오직 부처님 세존만이 우리들의 마음 속에 깊이 있는 본래의 서원을 아시리라.'

그때 부처님께서 비구들에게 말씀하셨다.

"너희들은 이 부루나미다라니 자를 보느냐? 나는 항상 이 사람

方便知見 而爲說法 拔出衆生 處處貪著 我等 於 佛功德 言不能宣 唯佛世尊 能知我等 深心本願
爾時 佛告諸比丘 汝等 見是富樓那彌多羅尼子不 我常稱其

을, 법을 설하는 사람들 중에서 가장 으뜸이라 하며 항상 이 사람의 온갖 공덕을 찬탄하였느니라.

부지런히 정진하며 나의 법을 잘 지니고 펴는 것을 도왔으며 사부대중을 가르쳐 이롭게 하고 기쁘게 하였으며, 부처님의 정법을 일일이 해석하여 같이 청정한 행을 하는 자들을 크게 이롭게 하였는데, 여래를 제외하고는 그가 말로 논의하는 솜씨를 따를 자가 없

於 說法人中 最爲第一 亦常歎其 種種功德 精勤護持 助宣我法 能於四衆 示敎利喜 具足解釋佛之正法 而大饒益同 梵行者 自捨如來 無能盡其言論之辯

느니라.

  그러나 너희들은 부루나가 단지 나의 법만 잘 지니고 펴는것을 도운다고 생각하지는 말라. 과거 구십억 부처님들 처소에서도 부처님의 정법을 잘 지니고 펴는것을 도왔으며 설법하는 사람들 중에서 가장 으뜸이었느니라.

  또 부처님들께서 말씀하시는 공의 도리를 분명히 깨달아 통달하였으며, 사무애지를 얻어서 항

汝等 勿謂 富樓那 但能護持 助宣我法 亦於過去 九十億 諸佛 所 護持助宣 佛之正法 於彼說法人中 亦最第一 又於諸佛 所說 空法 明了通達 得 四無礙智

상 자세히 살피고 청정하게 법을 설하며 의심이 없고, 보살의 신통력을 두루 갖추어 그 목숨이 다하도록 항상 청정한 행을 닦으니 그 부처님 세상의 사람들이 모두다 '이 사람이야말로 참다운 성문이다.' 하였느니라.

부루나는 이러한 방편으로 한량없는 백천 중생들을 이롭게 하였으며, 또 한량없는 아승지의 사람들을 교화하여 아뇩다라삼먁삼

常能審諦 淸淨說法 無有疑惑 具足菩薩 神通之力 隨其壽命 常修梵行 彼佛世人 咸皆謂之 實是聲聞 而 富樓那 以斯方便 饒益無量 百千衆生 又化無量 阿僧祇人 令立阿耨多羅三藐三菩提

보리를 일으키게 하였으며, 불국토를 깨끗하게 하기 위하여 항상 불사를 하며 중생을 교화하였느니라.

여러 비구들아! 부루나는 과거의 일곱 부처님 시절에도 설법하는 사람들 중에서 제일이었고, 지금 나의 처소에서도 설법하는 사람들 중에서 역시 제일이며 현겁 중에서나 미래에 오실 부처님들의 처소에서도 법을 설하는 사람

爲淨佛土故 常作佛事 敎化衆生 諸比丘 富樓那 亦於七佛 說法人中 而得第一 今於我所 說法人中 亦爲第一 於 賢劫中 當來諸佛 說法人中

중에서 또한 제일이 되어서 불법을 모두다 잘 지니고 펴는 것을 도우리라. 미래에도 한량없고 가없는 부처님들의 법을 잘 지니고 펴는 것을 도와서 한량없는 중생을 교화하고 이롭게 하여 아뇩다라삼먁삼보리를 이루게 하느니라.

불국토를 깨끗하게 하려고 항상 부지런히 정진하여 중생을 교화하고, 보살의 도를 점점 갖추어 한량없는 아승지 겁을 지나 이 땅

亦復第一 而皆護持 助宣佛法 亦於未來 護持助宣 無量無邊 諸佛之法 敎化饒益 無量衆生 令立阿耨多羅三藐三菩提 爲淨佛土故 常勤精進 敎化衆生 漸漸具足 菩薩之道 過 無量阿僧祇劫

에서 아뇩다라삼먁삼보리를 얻을 것이리니, 명호는 법명여래·응공·정변지·명행족·선서·세간해·무상사·조어장부·천인사·불세존이니라.

그 부처님께서는 항하의 모래 수 같은 삼천대천세계를 하나의 불국토로 만드느니라.

칠보로 되어 있는 땅은 손바닥같이 평평하여 산이나 언덕이나 시냇물이나 계곡이 없으며, 칠보

當於此土 得 阿耨多羅三藐三菩提 號曰法明如來 應供 正遍知 明行足 善逝 世間解 無上士 調御丈夫 天人師 佛世尊 其佛 以 恒河沙等 三千大千世界 爲一佛土 七寶爲地 地平如掌 無有山陵 谿澗溝壑

로 된 망루들이 그 속에 가득하리라. 하늘의 궁전들이 가까운 허공에 있어서 사람들과 천인들이 서로 사귀며 만날 수도 있고, 나쁜 갈래들이 없고, 여인도 없으며 일체 중생이 모두 화생하여 음욕이 없으며, 큰 신통을 얻어 몸에서 밝은 빛이 날 뿐만 아니라 마음대로 날 수 있으며, 정진과 지혜에 대한 뜻과 생각이 굳어 모두가 다 금빛이고 삼십이상으로 장엄할 것이

七寶臺觀 充滿其中 諸天宮殿 近處虛空 人天 交接 兩得相見 無諸惡道 亦無女人 一切衆生 皆以化生 無有淫慾 得 大神通 身出光明 飛行自在 志念 堅固 精進智慧 普皆金色 三十二相 而自莊嚴

니라.

 그 나라 중생들은 항상 두 가지를 음식으로 삼는데, 첫째는 법을 좋아하는 것으로 음식을 삼고, 둘째는 선정을 즐겨 하는 것으로 음식을 삼느니라.

 한량없는 아승지 천만억 나유타의 보살들이 있어서 큰 신통과 사무애지를 얻어 중생들을 잘 교화하리라. 성문들도 그 수를 알 수가 없는데 모두들 육신통과 삼명

其國衆生 常以二食 一者 法喜食 二者 禪悅食 有 無量阿僧祇 千萬億 那由他 諸菩薩衆 得大神通 四無礙智 善能敎化 衆生之類 其 聲聞衆 算數校計 所不能知 皆得具足 六通三明

과 팔해탈을 잘 구족하였느니라.
 그 부처님의 나라는 이와 같이 한량없는 공덕이 있으므로 장엄하게 이루어지리라. 겁의 이름은 보명이고 나라의 이름은 선정이며 부처님의 수명은 한량없는 아승지 겁이며 법은 아주 오래 머무느니라. 부처님께서 열반하신 후에는 칠보로 탑을 세우는데 그 나라에 가득하리라."
 세존께서 이 뜻을 거듭 펴시려

及 八解脫 其佛國土 有 如是等 無量功德 莊嚴成就 劫名 寶明
國名 善淨 其佛壽命 無量阿僧祇劫 法住甚久 佛滅度後 起 七
寶塔 遍滿其國
爾時世尊 欲 重宣此義

고게송으로 말씀하셨다.

비구들이여! 잘 들어라.
이 불자가 행하는 도는 방편을 잘 배웠기에 생각으로는 논의할 수가 없는 것이니라. 중생들이 작은 법을 즐기고 큰 지혜에 대하여 두려워하는 것을 알고 있으므로, 보살들이 일부러 성문이나 연각이 되어 무수한 방편으로 중생들을 교화하는 것이니라.

而說偈言

諸比丘諦聽　佛子所行道　善學方便故　不可得思議
知衆樂小法　而畏於大智　是故諸菩薩　作聲聞緣覺
以無數方便　化諸衆生類

자기가 바로 성문이라고 말하고 불도로 가는 것이 매우 멀다 하며, 한량없는 중생을 제도하고 해탈하게 하여 모두다 성취하도록 하며, 비록 욕망이 적고 게으른 사람이라도 점차 부처가 되게 하느니라.

안으로 보살의 행을 감추고 밖으로 성문을 나타내어 욕망이 적고 나고 죽는 것을 싫어하지만 실제로는 불국토를 깨끗하게 하며

自說是聲聞　去佛道甚遠　度脫無量衆　皆悉得成就
雖小欲懈怠　漸當令作佛　內秘菩薩行　外現是聲聞
少欲厭生死　實自淨佛土

중생들에게는 탐·진·치를 보이고 삿된 견해의 모습을 나타내 보이느니라.

나의 제자들은 이와 같은 방편으로 중생을 제도하는데, 만약에 내가 가지가지 모습을 나타내며 교화하는 일을 자세히 말한다면 중생들은 이 말을 듣고 곧 의심을 품을 것이니라.

이 부루나는 옛날에 천억의 부처님 앞에서 행하여야 할 도를 부

示衆有三毒　又現邪見相　我弟子如是　方便度衆生
若我具足說　種種現化事　衆生聞是者　心則懷疑惑
今此富樓那　於昔千億佛　勤修所行道

지런히 닦았으며, 부처님들의 법을 펴고 보호하였으며, 위없는 지혜를 구하기 위하여 부처님들 처소에서 높은 제자로 있었기에 많이 들어 지혜가 있으며, 설법하는 것을 두려워하지 않아 중생들을 기쁘게 하였으며, 한 번도 피곤해 하거나 싫어하지 않고 부처님의 일을 도왔으며, 큰 신통을 얻고 사무애지를 갖추어서 중생들의 근기가 뛰어나는 지와 둔한 지를 알

宣護諸佛法　爲求無上慧　而於諸佛所　現居弟子上
多聞有智慧　所說無所畏　能令衆歡喜　未曾有疲倦
而以助佛事　已度大神通　具四無礙智　知諸根利鈍

아늘 청정한 법을 설하며, 이와 같은 뜻을 널리 펴서 천억의 중생들을 가르쳐 대승법에 머무르게 하였으며, 스스로 불국토를 깨끗하게 하였느니라.

미래에도 한량없고 헤아릴 수 없는 부처님을 공양하고 정법을 수호하고 펴는 것을 도와서 불국토를 깨끗하게 하며, 항상 온갖 방편으로 두려움 없이 법을 설하며 헤아릴 수 없는 중생을 제도하여

常說淸淨法　演暢如是義　教諸千億衆　令住大乘法
而自淨佛土　未來亦供養　無量無數佛　護助宣正法
亦自淨佛土　常以諸方便　說法無所畏　度不可計衆

일체지를 이루게 하고, 부처님들을 공양하고 보배스러운 부처님의 경전을 잘 지니고 그 후에 성불하리니 명호는 법명이라 하리라.

그 나라의 이름은 선정이니 칠보로 이루어졌고, 겁의 이름은 보명이고 보살들이 매우 많아 그 수가 한량없느니라. 모두다 큰 신통을 얻어 위엄과 덕망의 힘을 구족한 이들이 그 나라에 가득하리라.

성문들도 수가 없으며 삼명과

成就一切智　供養諸如來　護持法寶藏　其後得成佛
號名曰法名　其國名善淨　七寶所合成　劫名爲寶明
菩薩衆甚多　其數無量億　皆度大神通　威德力具足
充滿其國土　聲聞亦無數

팔해탈과 사무애지를 얻는데 이런 이들이 승보가 되느니라. 그 나라 중생들은 음욕을 이미 없앴기에 순수하며 변화로 태어나고 상을 갖추어 몸을 장엄하느니라.

법을 좋아하는 것과 선정을 즐기는 것으로 음식을 삼으니 다른 음식 생각은 전혀 없으며, 여인들도 없고 나쁜 갈래들도 없느니라.

부루나 비구는 이런 공덕을 모두다 이루어 그 깨끗한 나라를 얻

三明八解脫　得四無礙智　以是等爲僧　其國諸衆生
淫慾皆已斷　純一變化生　具相莊嚴身　法喜禪悅食
更無餘食想　無有諸女人　亦無諸惡道　富樓那比丘
功德悉成滿　當得斯淨土

을 것인데 어질고 성스러운 대중이 매우 많으리라. 이와 같이 한량없는 일들을 내가 지금 간략하게만 말하였노라.

그때 일천이백의 마음이 자재한 아라한들이 이런 생각을 하였다.

'우리들은 기쁘게도 미증유를 얻었다. 만약 세존께서 큰 제자들에게 하시듯이 우리들 한 사람 한

賢聖衆甚多 如是無量事 我今但略說

爾時 千二百 阿羅漢 心自在者 作是念 我等 歡喜 得 未曾有 若世尊 各見授記 如餘大弟子者

사람에게도 수기를 주신다면 얼마나 좋겠는가?'

부처님께서 이들의 마음을 아시고 마하가섭에게 말씀하셨다.

"이 일천이백 아라한에게 내가 이제 차례대로 아뇩다라삼먁삼보리의 수기를 주겠노라.

이 대중 가운데 나의 큰 제자 교진여비구는 장차 육만이천억 부처님을 공양한 후에 성불하는데 명호는 보명여래·응공·정변

不亦快乎 佛知此等 心之所念 告 摩訶迦葉 是 千二百 阿羅漢 我今當現前 次第與授 阿耨多羅三藐三菩提記 於此衆中 我 大弟子 憍陳如比丘 當 供養六萬二千億佛然後 得成爲佛 號曰普明如來 應供 正遍知

지·명행족·선서·세간해·무상사·조어장부·천인사·불세존이니라.

오백 아라한인 우루빈나가섭과 가야가섭과 나제가섭과 가류타이와 우타이·아누루타·이바다·겁빈나·박구라·주타·사가타 등도 모두다 아뇩다라삼먁삼보리를 얻을 것인데 명호는 모두다 같이 보명이라 하느니라."

세존께서 이 뜻을 거듭 펴시려

明行足 善逝 世間解 無上士 調御丈夫 天人師 佛世尊 其 五百 阿羅漢 優樓頻螺迦葉 伽耶迦葉 那提迦葉 迦留陀夷 優陀夷 阿㝹樓馱 離婆多 劫賓那 薄拘羅 周陀 莎伽陀等 皆當得 阿耨多羅三藐三菩提 盡同一號 名曰普明 爾時世尊 欲 重宣此義

고게송으로 말씀하셨다.

　　교진여비구는 장차 한량없는 부처님을 뵈옵고 아승지 겁을 지나서 평등하고 바른 깨달음을 이루는데, 항상 큰 광명을 놓고 온갖 신통을 갖추어서 이름이 시방에 두루 들리며 일체의 존경을 받으리라. 항상 위없는 도를 설하므로 명호를 보명이라 하며, 그 국토는 청정하고 보살들이 모두 용맹스

而說偈言

憍陳如比丘　當見無量佛　過阿僧祇劫　乃成等正覺
常放大光明　具足諸神通　名聞遍十方　一切之所敬
常說無上道　故號爲普明　其國土淸淨　菩薩皆勇猛

러운데, 모두들 좋은 누각에 올라 시방의 나라들을 다니며 위없는 공양물을 부처님들에게 받들어 올리고, 이런 공양을 하고는 크게 기뻐하며 잠시만에 본국으로 돌아오는 이와 같은 신통력이 있느니라.

　부처님의 수명은 육만 겁이고 정법이 머물기는 수명의 배이고 상법은 다시 이것의 배가 되는데, 법이 없어지면 하늘과 사람들이

咸昇妙樓閣　遊諸十方國　以無上供具　奉獻於諸佛
作是供養已　心懷大歡喜　須臾還本國　有如是神力
佛壽六萬劫　正法住倍壽　像法復倍是　法滅天人憂

근심하리라.

　너희들 오백 비구는 차례대로 부처님이 되는데 명호는 다 같이 보명이고 차례로 돌아가며 수기를 주는데, 내가 열반 후에는 아무개가 부처가 될 것이며, 그가 교화하여야 할 세상도 나의 오늘과 같느니라.

　나라가 깨끗하게 꾸며지는 것과 여러 가지 신통력과 보살 성문들과 정법과 상법과 수명의 겁이

其五百比丘　次第當作佛　同號曰普明　轉次而授記
我滅度之後　某甲當作佛　其所化世間　亦如我今日
國土之嚴淨　及諸神通力　菩薩聲聞衆　正法及像法
壽命劫多少

많고 적음은 모두다 앞에서 말한 바와 같으니라.

가섭아! 너는 마음이 자유자재한 오백 인과 나머지 성문들도 역시 이와 같음을 알고 있으니 이 자리에 없는 이들에게는 네가 일일이 말해 주어라.

그때 오백 아라한은 부처님 앞에서 수기를 받고 뛸 듯이 기뻐하며 자리에서 일어나, 부처님 앞으

皆如上所說 迦葉汝已知 五百自在者 餘諸聲聞衆
亦當復如是 其不在此會 汝當爲宣說

爾時 五百阿羅漢 於佛前 得受記已 歡喜踊躍 卽從座起 到於佛前

로 나아가 머리를 숙여 발에 예배하고 허물을 뉘우치며 스스로를 책망하였다.

"세존이시여! 저희들은 항상 이런 생각을 했습니다. 구경의 열반을 이미 얻었다고 생각하였더니 이제 알고 보니 지혜가 없는 사람과 같았습니다. 왜냐하면 저희들도 당연히 여래의 지혜를 얻었는데 오로지 작은 지혜에 스스로 만족하였던 것입니다.

頭面禮足 悔過自責 世尊 我等 常作是念 自謂已得 究竟滅度 今乃知之 如 無智者 所以者何 我等 應得如來智慧 而便自以小智爲足

세존이시여! 비유하자면 어떤 사람이 친구의 집에 가서 술에 취해 누웠는데 그때 친구가 관청의 일로 나가게 되어 값도 모를 보배구슬을 그의 옷 속에 꿰매어 주고 나갔습니다. 그러나 그 사람은 술에 취하여 누워 있었기에 전혀 알지 못하였고 일어나서 떠돌아다니다가 멀리 다른 나라에까지 가게 되었습니다. 입고 먹을 것을 힘껏 찾았으나 대단히 어려워서 조

世尊 譬如有人 至 親友家 醉酒而臥 是時親友 官事當行 以 無價寶珠 繫其衣裏 與之而去 其人 醉臥 都不覺知 起已遊行 到於他國 爲 衣食故 勤力求索

금이라도 얻게 되면 그것으로 만족하였습니다. 나중에 친구가 우연히 만나게 되자 그 꼴을 보고 이런 말을 했습니다.

'이 변변치 못한 사람아! 어찌하여 옷과 밥 때문에 이렇게까지 되었나? 내가 옛날에 너로 하여금 편안하게 오욕을 마음대로 즐기게 해주고 싶어서 모년 모월 모일에 값으로 따질 수 없는 보배 구슬을 너의 옷 속에 꿰매어 주었다.

甚大艱難 若少有所得 便以爲足 於後親友 會遇見之 而作是言 咄哉丈夫 何爲衣食 乃至如是 我昔欲令 汝得安樂 五欲自恣 於 某年日月 以 無價寶珠 繫汝衣裏

지금도 있을 텐데 네가 모르고 실컷 고생하며 근심 걱정하고 혼자서 살아왔으니 참으로 어리석구나. 너는 이제 이 보물로써 필요한 것을 마음대로 사고 팔 수 있으니 부족할 것이 없을 것이니라.'

부처님께서도 이와 같으시어 보살로 계실 때에 저희들을 교화하여 일체지의 마음을 내도록 하셨는데, 얼마 안 가 잊어버려 알지 못하고 깨닫지 못하여 아라한의

今故現在 而汝不知 勤苦憂惱 以求自活 甚爲癡也 汝今可以此寶 貿易所須 常可如意 無所乏短 佛亦如是 爲 菩薩時 敎化我等 令發一切智心 而尋廢忘 不知不覺 旣得阿羅漢道

도 얻은 것을 열반이라 생각하였습니다.

　살아가는 것이 어렵고 고생스러워 적은 것을 얻고도 만족하였습니다만 일체지에 대한 서원은 아직도 잃지 않았습니다. 지금 세존께서는 저희들을 깨우치려고 이런 말씀을 하셨습니다.

　'비구들아! 너희들이 얻은 것은 구경의 열반이 아니니라. 내가 오랫동안 너희들로 하여금 부처

自謂滅度 資生 艱難 得少爲足 一切智願 猶在不失 今者世尊 覺悟我等 作 如是言 諸比丘 汝等所得 非 究竟滅 我 久令汝等

님의 선근을 심도록 방편으로 열반의 모습을 보인 것인데 너희들은 진짜로 열반을 얻었다고 생각하고 있느니라.'

세존이시여!

저희는 이제서야 바로 알게 되었으며 참다운 보살로서 아뇩다라삼먁삼보리의 수기를 받았습니다. 이런 인연으로 매우 기쁘며 미증유를 얻었습니다."

아야교진여 등이 이 뜻을 거듭

種佛善根 以方便故 示 涅槃相 而汝 謂爲實得滅度 世尊 我今 乃知 實是菩薩 得受阿耨多羅三藐三菩提記 以是因緣 甚大歡喜 得 未曾有
爾時 阿若憍陳如等 欲 重宣此義

펴려고 게송을 말하였다.

　저희는 수기 주시는 말씀을 듣고 위없이 편안하며 전에 없이 기뻐 한량없는 지혜가 있는 부처님께 예배 드리며, 세존 앞에서 온갖 허물을 스스로 뉘우칩니다. 한량없는 부처님의 보물 가운데에서 조그마한 열반의 몫을 얻고는 지혜가 없고 어리석은 사람처럼 이것으로 만족하였습니다.

而說偈言

我等聞無上　安隱授記聲　歡喜未曾有　禮無量智佛
今於世尊前　自悔諸過咎　於無量佛寶　得少涅槃分
如無智愚人　便自以爲足

비유하면, 가난한 사람이 친구의 집을 찾아갔습니다. 그 친구는 아주 큰 부자라 가지가지 안주와 좋은 음식을 갖추어 대접하고 값을 알 수 없는 보배 구슬을 옷 속에 말없이 꿰매어 주고 그냥 두고 나갔는데 누워 있을 때라 알지를 못하였습니다.

이 사람이 일어나서 떠돌아 다니다가 타국에까지 이르러 먹을 것과 입을 것을 구하였으나, 생활

譬如貧窮人　往至親友家　其家甚大富　具設諸肴膳
以無價寶珠　繫著內衣裏　默與而捨去　時臥不覺知
是人旣已起　遊行詣他國　求衣食自濟

이 무척 어려워 조그마한 것을 얻고도 만족하여 더 좋은 것을 바라지도 않았으며 옷 속에 값도 모를 보배 구슬이 있는 것도 몰랐습니다. 구슬을 준 친구가 후일 이 가난한 사람을 보게 되자 몹시 꾸짖고 난 뒤 꿰매준 구슬을 보여주니, 가난한 사람이 이 구슬을 보고 크게 기뻐하며 가지가지 재물을 사들여 많이 지니고 오욕을 마음껏 즐겼습니다.

資生甚艱難　得少便爲足　更不願好者　不覺內衣裏
有無價寶珠　與珠之親友　後見此貧人　苦切責之已
示以所繫珠　貧人見此珠　其心大歡喜　富有諸財物
五欲而自恣

저희도 그와 같아서 세존께서 오랜 세월동안 항상 가엾게 보시고 교화하시어 위없는 서원을 심게 하셨는데, 저희들이 지혜가 없는 까닭으로 알지도 못하고 깨닫지도 못하였으며 조그마한 열반을 얻고서도 스스로 만족하며 다른 것은 구하지 않았습니다.

지금 부처님께서 저희들을 깨우치시려고 '진실한 열반이 아니니라. 부처님의 위없는 지혜를 얻

我等亦如是　世尊於長夜　常愍見敎化　令種無上願
我等無智故　不覺亦不知　得少涅槃分　自足不求餘
今佛覺悟我　言非實滅度　得佛無上慧

어야만 비로소 진실한 열반이니라.' 하셨습니다. 저희는 지금 부처님으로부터 수기 주시는 장엄한 일과 차례차례 수기하게 되어 있다는 말씀을 듣고 몸과 마음이 모두 기쁩니다.

제 팔 오백제자수기품 끝

爾乃爲眞滅 我今從佛聞 授記莊嚴事 及轉次受決
身心遍歡喜

第 八 五百弟子授記品 終

제 구 수학무학인기품

그때 아난과 라후라가 생각하기를 '우리도 수기를 받는다면 얼마나 좋을까?' 하며 자리에서 일어나 부처님 앞으로 나아가 머리를 숙여 발에다 예배하고 부처님께 함께 말씀드렸다.

"세존이시여, 저희들도 수기에 대하여 마땅한 분수가 있을 것입니다. 오직 여래만이 저희가 귀의

第 九 授學無學人記品

爾時 阿難 羅睺羅而作是念 我等 每自思惟 設得受記 不亦快乎 卽從座起 到於佛前 頭面禮足 俱白佛言 世尊 我等 於此 亦應有分 唯有如來 我等所歸

할 곳입니다. 또 일체 세간의 천·인·아수라들은 저희를 잘 알고 있습니다. 아난은 항상 시자로서 법장을 수호하고 있으며 라후라는 부처님의 아들입니다. 만약에 부처님께서 아뇩다라삼먁삼보리의 수기를 주신다면 저희의 소원이 다 이루어지는 것이고 중생들의 희망도 이루어질 것입니다."

그때 더 배워야 할 것이 남아 있거나, 수행이 완료되어 더 배울 것

又我等 爲 一切世間 天人阿修羅 所見知識 阿難 常爲侍者 護持法藏 羅睺羅 是佛之子 若佛 見授 阿耨多羅三藐三菩提記者 我願 旣滿 衆望 亦足 爾時 學無學

이 없는 성문제자 이천 인이 모두 자리에서 일어나 오른쪽 어깨를 드러내고 부처님 앞으로 나아가 일심으로 합장하고 세존을 우러러보며, 아난과 라후라와 같이 소원하며 한쪽에 서 있으니 부처님께서 아난에게 말씀하셨다.

"너는 오는 세상에 부처님이 되리니 명호는 산해혜자재통왕여래·응공·정변지·명행족·선서·세간해·무상사·조어장

聲聞弟子 二千人 皆從座起 偏袒右肩 到於佛前 一心合掌 瞻仰世尊 如 阿難羅睺羅 所願 住立一面 爾時 佛告阿難 汝於來世 當得作佛 號 山海慧自在通王如來 應供 正遍知 明行足 善逝 世間解 無上士 調御丈夫

부・천인사・불세존이라 하느니라. 육십이억 부처님을 공양하고 법장을 수호한 후에 아뇩다라삼먁삼보리를 얻고, 이십천만억 항하사 같은 보살들을 교화하여 아뇩다라삼먁삼보리를 이루게 하느니라.

나라의 이름은 상립승번으로 국토가 청정하며 땅이 유리로 되느니라. 겁의 이름은 묘음변만이고 그 부처님의 수명은 한량없는

天人師 佛世尊 當供養 六十二億諸佛 護持法藏然後 得 阿耨多羅三藐三菩提 敎化二十千萬億 恒河沙 諸菩薩等 令成阿耨多羅三藐三菩提 國名 常立勝幡 其土淸淨 瑠璃爲地 劫名 妙音遍滿 其佛壽命

천만억 아승지 겁이라서 어떤 사람이 한량없는 천만억 아승지 겁 동안 그 수를 헤아려도 알 수가 없느니라. 정법이 세상에 머물기는 수명의 배나 되고 상법이 세상에 머무르기는 정법의 배이니라.

아난아! 이 산해혜자재통왕부처님은 시방의 한량없는 천만억 항하사 같은 부처님 여래들이 다 같이 찬탄하고 그 공덕을 말씀하실 것이다."

無量千萬億 阿僧祇劫 若人 於千萬億 無量阿僧祇劫中 算數校計 不能得知 正法住世 倍於壽命 像法住世 復倍正法
阿難 是 山海慧自在通王佛 爲十方 無量千萬億 恒河沙 等諸佛如來 所共讚歎 稱其功德

세존께서 이 뜻을 거듭 펴시려고 게송으로 말씀하셨다.

내가 이제 승가들 가운데서 말하리라. 법을 수호하는 아난은 장차 부처님들을 공양한 후 바른 깨달음을 이루는데, 명호는 산해혜자재통왕불이라 하느니라. 그 부처님의 국토는 청정하며 상립승번이라 하는데 교화하는 보살들이 항하의 모래 수와 같으리라. 그

爾時世尊 欲 重宣此義 而說偈言

我今僧中說 阿難持法者 當供養諸佛 然後成正覺
號曰山海慧 自在通王佛 其國土淸淨 名常立勝幡
敎化諸菩薩 其數如恒沙

부처님은 위엄과 덕망이 크시므로 명성이 시방에 가득 들릴 것이며, 수명은 한량없으며 중생을 불쌍히 여기시기 때문에 정법은 수명의 배이고, 상법은 다시 이것의 배가 되리라. 항하의 모래 수같이 수없는 중생들이 이 부처님의 법 가운데서 불도의 인연을 심을 것이니라.

그때 이 모임 가운데서 새로 발

佛有大威德　名聞滿十方　壽命無有量　以愍衆生故
正法倍壽命　像法復倍是　如恒河沙等　無數諸衆生
於此佛法中　種佛道因緣

爾時會中

심을 한 보살 팔천 인이 다 함께 이런 생각을 하였다.

'우리는 이제까지 대 보살들도 수기를 받았다는 말을 듣지 못하였는데 어떠한 인연으로 성문들이 이와 같은 결정을 얻는가?'

그때 세존께서 보살들이 마음속으로 생각하는 것을 아시고 이렇게 말씀하셨다.

"선남자들아! 나는 아난과 함께 공왕부처님의 처소에서 똑같

新發意菩薩 八千人 咸作是念 我等 尙不聞 諸大菩薩 得 如是記 有何因緣 而諸聲聞 得 如是決 爾時世尊 知諸菩薩 心之所念 而告之曰
諸 善男子 我與阿難等 於 空王佛所 同時發

이 아뇩다라삼먁삼보리의 마음을 내었는데, 아난은 언제나 많이 듣기를 좋아하였고 나는 항상 부지런히 정진하였느니라. 그리하여 나는 아뇩다라삼먁삼보리를 이루었지만, 아난은 나의 법을 수호하고 장차 오실 부처님들의 법장도 수호하며 많은 보살들을 교화하여 성취하게 할 것이니라. 그의 본래의 서원이 이러하므로 이 수기를 받는 것이니라."

阿耨多羅三藐三菩提心 阿難 常樂多聞 我 常勤精進 是故 我已得成 阿耨多羅三藐三菩提 而阿難 護持我法 亦護將來 諸佛法藏 教化成就 諸菩薩衆 其 本願 如是 故獲斯記

아난이 부처님 앞에서 수기를 받으며 국토가 잘 꾸며지는 것 등을 직접 들으니 소원이 이루어져 매우 기뻐하며 미증유를 얻게 되자, 곧 바로 과거 한량없는 천만억 부처님들의 법장을 방금 들은 것처럼 조금도 막힘이 없이 기억해 냈으며, 또 본래의 서원도 알게 되었으므로 게송으로 말하였다.

매우 희유하신 세존께서 저로

阿難 面於佛前 自聞授記 及 國土莊嚴 所願 具足 心大歡喜 得未曾有 卽時 憶念過去 無量千萬億 諸佛法藏 通達無礙 如今所聞 亦識本願 爾時阿難 而說偈言

世尊甚希有

하여금 과거 한량없는 부처님들의 법을 오늘 들은 것처럼 생각나게 하시니 이제 다시는 의심이 없습니다. 불도에 편안히 머무르게 되었으니, 방편으로 시자가 되어 부처님들의 법을 수호하겠습니다.

그때 부처님께서 라후라에게 말씀하셨다.

"너도 오는 세상에 마땅히 부처

令我念過去 無量諸佛法 如今日所聞 我今無復疑
安住於佛道 方便爲侍者 護持諸佛法

爾時 佛告羅睺羅 汝於來世 當得作佛

님이 되는데, 명호는 도칠보화여래·응공·정변지·명행족·선서·세간해·무상사·조어장부·천인사·불세존이라 하리라. 마땅히 열 세계의 티끌 수 같은 부처님 여래들을 공양하면서 항상 여러 부처님의 장자가 되리니 지금과 같을 것이니라.

　이 도칠보화부처님의 국토가 아름답게 꾸며지는 것과 수명의 겁 수와 교화하는 제자와 정법과

號 蹈七寶華如來 應供 正遍知 明行足 善逝 世間解 無上士 調御丈夫 天人師 佛世尊 當供養 十世界微塵等數諸佛如來 常爲諸佛 而作長子 猶如今也 是蹈七寶華佛 國土莊嚴 壽命劫數 所化弟子 正法像法

상법은 산해혜자재통왕여래와 다르지 아니하며 역시 이 부처님의 맏아들이 되는데 이렇게 한 후에 아뇩다라삼먁삼보리를 얻을 것이니라."

세존께서 이 뜻을 거듭 펴시려고 게송으로 말씀하셨다.

내가 태자로 있을 때 맏아들인 라후라가, 내가 불도를 이루니 법을 받아 법의 아들이 되었는데 미

亦如山海慧自在通王如來無異　亦爲此佛　而作長子　過是已後
當得阿耨多羅三藐三菩提　爾時　世尊　欲　重宣此義　而說偈言

　　我爲太子時　羅睺爲長子　我今成佛道　受法爲法子

래 세상에서 한량없는 억의 부처님들을 뵙게 되며 그때마다 그 부처님들의 맏아들이 되어 일심으로 불도를 구하느니라. 라후라의 밀행은 오직 나 혼자만이 아느니라. 나의 맏아들이 되어서 중생들에게 보이는 한량없는 천만억의 공덕은 헤아릴 수 없으며 불법에 편안히 머무르며 위없는 도를 구하느니라.

於未來世中　見無量億佛　皆爲其長子　一心求佛道
羅睺羅密行　唯我能知之　現爲我長子　以示諸衆生
無量億千萬　功德不可數　安住於佛法　以求無上道

그때 세존께서 학·무학 이천 인을 보시니, 그들의 생각이 부드러우며 고요하고 청정하며 일심으로 부처님을 보고 있으므로 아난에게 말씀하셨다.

"너는 이 학·무학 이천 인을 보고 있느냐."

"예, 보고 있습니다."

"아난아!

이 사람들은 오십세계의 티끌 수 같은 부처님 여래들을 공양하

爾時 世尊 見 學無學 二千人 其意柔軟 寂然淸淨 一心觀佛 佛
告阿難 汝見是 學無學 二千人不 唯然已見 阿難 是諸人等 當
供養 五十世界微塵數 諸佛如來 恭敬尊重

고 공경, 존중하며 법장을 수호하다가 맨 나중에 동시에 시방의 나라에서 각각 성불하리니, 명호는 모두다 같이 보상여래·응공·정변지·명행족·선서·세간해·무상사·조어장부·천인사·불세존이라 하니라. 수명은 일 겁이고 국토가 잘 꾸며지는 것과 성문과 보살과 정법과 상법은 모두다 같으니라."

세존께서 이 뜻을 거듭 펴시려

護持法藏 末後同時 於 十方國 各得成佛 皆同一號 名曰寶相如來 應供 正遍知 明行足 善逝 世間解 無上士 調御丈夫 天人師 佛世尊 壽命 一劫 國土莊嚴 聲聞菩薩 正法像法 皆悉同等 爾時 世尊 欲 重宣此義

고 게송으로 말씀하셨다.

 지금 내 앞에 있는 이 이천의 성문들 모두에게 수기를 주니 오는 세상에서 부처님이 되리라.

 공양하여야 할 부처님은 위에서 말한 것처럼 티끌 같은 수이며 그들의 법장을 수호한 후, 각각 시방의 나라에서 바른 깨달음을 얻는데 명호는 모두다 같으니라.

 같은 때에 도량에 앉아 위없는

而說偈言

是二千聲聞　今於我前住　悉皆與授記　未來當成佛
所供養諸佛　如上說塵數　護持其法藏　後當成正覺
各於十方國　悉同一名號　俱時坐道場

지혜를 깨닫는데 명호는 모두 보상이고, 국토와 제자와 정법과 상법이 모두 같아 다르지 않느니라. 다 함께 온갖 신통력으로 시방의 중생들을 제도하여 명성이 두루두루 들리고 점점 열반에 들 것이니라.

그때 학·무학 이천 인이 부처님께서 수기 주시는 것을 듣고 뛸 듯이 기뻐하며 게송으로 말하

以證無上慧 皆名爲寶相 國土及弟子 正法與像法
悉等無有異 咸以諸神通 度十方衆生 名聞普周遍
漸入於涅槃

爾時 學無學 二千人 聞佛授記 歡喜踊躍

였다.

　지혜의 등불이신 세존께서 저희에게 수기 주시는 말씀을 들으니 환희심이 가득하여 감로수에 흠뻑 젖은것 같습니다.

　　　　제 구 수학무학인기품 끝

而說偈言

　　世尊慧燈明　我聞授記音　心歡喜充滿　如甘露見灌

　　　　　　第 九　授學無學人記品　終

제십 법사품

그때 세존께서 약왕보살로 인하여 팔만의 마하살들에게 이르시되,

"약왕아!

너는 이 대중 가운데 있는 한량없는 하늘과 용왕과 야차와 건달바와 아수라와 가루라와 긴나라와 마후라가와 사람인듯 아닌 듯한 이들과 비구와 비구니와 우바

第 十 法師品

爾時 世尊 因 藥王菩薩 告 八萬大士 藥王 汝見是大衆中 無量 諸天 龍王 夜叉 乾闥婆 阿修羅 迦樓羅 緊那羅 摩睺羅伽 人與 非人 及 比丘 比丘尼 優婆塞

새와 우바이로서 성문을 구하는 자와 벽지불을 구하는 자와 불도를 구하는 자를 보아라.

이와 같은 무리들이 다 함께 부처님 앞에서 묘법연화경의 한 게송이나 한 구절을 듣고 한 생각으로라도 따라 기뻐하는 자에게는 내가 모두 수기를 주어 아뇩다라삼먁삼보리를 얻게 할 것이니라."

부처님께서 약왕에게 말씀하셨

優婆夷 求 聲聞者 求 辟支佛者 求 佛道者 如是等類 咸於佛前 聞 妙法華經 一偈一句 乃至一念隨喜者 我 皆與授記 當得阿耨多羅三藐三菩提 佛告藥王

다.

 "또 여래가 열반한 후에라도 어떤 사람이 묘법화경의 한 게송이나 한 구절이라도 듣고 한결같은 마음으로 따라 기뻐하면, 내가 역시 아뇩다라삼먁삼보리의 수기를 줄 것이니라.

 만약에 또 어떤 사람이 묘법화경의 한 게송만이라도 받아 지니고 읽고 외우며 해설하고 옮겨 쓰며, 이 경전을 부처님같이 공경하

又 如來滅度之後 若有人 聞 妙法華經 乃至一偈一句 一念隨喜者 我亦與授 阿耨多羅三藐三菩提記 若復有人 受持讀誦 解說 書寫 妙法華經 乃至一偈 於此經卷 敬視如佛

며 가지가지 꽃과 향과 영락과 가루향, 바르는 향, 사르는 향과 비단 가리개와 깃발과 의복과 음악으로 공양하고 합장으로라도 공경하면 약왕아! 마땅히 알라. 이런 사람들은 이미 십만억 부처님을 공양하였고 부처님 처소에서 큰 서원을 이루었지만 중생을 불쌍히 여기어서 인간의 세상에 태어난 것이니라.

약왕아! 만약에 어떤 사람이

種種供養 華香瓔珞 抹香塗香燒香 繒蓋幢幡 衣服伎樂 乃至合掌恭敬 藥王 當知 是諸人等 已曾供養 十萬億佛 於 諸佛所 成就大願 愍衆生故 生此人間 藥王 若有人

'어떠한 중생들이 오는 세상에서 부처님이 됩니까?' 하면 이런 사람들이 오는 세상에 반드시 부처님이 된다고 가르쳐라.

왜냐하면 선남자 선여인이 법화경의 한 구절이라도 받아 지니고 읽고 외우며 해설하고 옮겨 쓰며, 가지가지로 경전에 공양하기를 꽃과 향과 영락과 가루 향, 바르는 향, 사르는 향, 비단 가리개, 깃발, 의복, 음악 등으로 하고 합

問 何等衆生 於 未來世 當得作佛 應示是諸人等 於 未來世 必得作佛 何以故 若 善男子 善女人 於 法華經 乃至一句 受持讀誦 解說書寫 種種供養經卷 華香瓔珞 抹香塗香燒香 繒蓋幢幡 衣服伎樂

장 공경하면, 이 사람을 일체 세간이 마땅히 우러러보고 받들 것이며, 여래에게 공양하듯이 공양할 것이기 때문이니라.

　마땅히 알아라. 이 사람은 대 보살이니라. 아뇩다라삼먁삼보리를 이루었지만 중생들을 불쌍히 여기고 이 세상에 나기를 원하여 묘법화경을 자세히 설하는 것인데, 하물며 다 받아들여 잘 지니고 가지가지로 공양하는 사람이야

合掌恭敬 是人 一切世間 所應瞻奉 應以如來供養 而供養之 當知此人 是 大菩薩 成就阿耨多羅三藐三菩提 哀愍衆生 願生此間 廣演分別 妙法華經 何況盡能受持 種種供養者

말할 것이 있겠느냐!

　약왕아! 마땅히 알아라. 이런 사람은 청정한 업의 보를 스스로 버리고 내가 열반한 후에 중생을 불쌍히 여기는 까닭으로 악한 세상에 나서 이 경을 널리 설하는 것이니라.

　만약 이런 선남자 선여인이, 내가 열반한 후에 가만히 한 사람에게라도 법화경의 한 구절이라도 설한다면 마땅히 알라. 이 사람은

藥王 當知 是人 自捨淸淨業報 於 我滅度後 愍衆生故 生於惡世 廣演此經 若是善男子善女人 我 滅度後 能 竊爲一人 說 法華經 乃至一句 當知是人

여래의 심부름꾼으로 여래가 보내어서 여래의 일을 하는 자인데, 하물며 대중 가운데서 사람들을 위하여 설하는 것이야 말할 것이 있겠느냐!

약왕아! 만약 악한 사람이 좋지 못한 마음으로 일 겁 동안 내내 부처님 앞에서 부처님을 헐뜯으며 욕하여도 그 죄는 오히려 가벼운데, 어떤 사람이 한 마디라도 악한 말로 집에 있거나 출가를 하였거

則 如來使 如來所遣 行如來事 何況於 大衆中 廣爲人說 藥王
若有惡人 以 不善心 於 一劫中 現於佛前 常 毀罵佛 其罪尙輕
若人 以 一惡言 毁訾在家出家

나 간에 법화경을 읽고 외우는 자를 헐뜯거나 비방하면 그 죄는 매우 무거우니라.

 약왕아! 만일 법화경을 읽고 외우는 사람이 있으면 마땅히 알라. 이 사람은 부처님의 장엄으로 스스로 장엄한 것이며, 곧 여래가 어깨로 짊어진 것이니 그가 가는 곳을 마땅히 따라가서 예배하고 일심으로 합장하고 공경 공양하고 존중 찬탄하되 꽃과 향과 영락과

讀誦法華經者 其罪甚重 藥王 其有讀誦法華經者 當知是人 以佛莊嚴 而自莊嚴 則爲如來 肩所荷擔 其所至方 應隨向禮 一心合掌 恭敬供養 尊重讚歎 華香瓔珞

가루향, 바르는 향, 사르는 향, 비단가리개, 깃발, 의복, 음식과 가지가지 음악을 연주하여야 하며 사람 중에서 제일 좋은 공양으로 공양하여야 하며 하늘의 보배를 가져다가 흩어야 할 것이며 하늘의 보배 무더기를 받들어 올려야 하느니라.

왜냐하면 이 사람이 기쁘게 설법하는 것을 잠깐만이라도 들으면 곧 구경의 경지인 아뇩다라삼

抹香 塗香 燒香 繒蓋幢幡 衣服肴饌 作諸伎樂 人中上供 而供養之 應持天寶 而以散之 天上寶聚 應以奉獻 所以者何 是人歡喜說法 須臾聞之 卽得究竟 阿耨多羅三藐三菩提故

막삼보리를 얻기 때문이니라."

 세존께서 이 뜻을 거듭 펴시려고 게송으로 말씀하셨다.

 불도에 머무르며 자연지를 이루고 싶다면 법화경을 받아 지닌 자에게 부지런히 공양하여야 하고, 일체종지를 빨리 얻고자 하면 마땅히 이 경을 받아 지녀야 하며, 받아 지니고 있는 자에게 공양하여야 하느니라.

爾時世尊 欲 重宣此義 而說偈言

若欲住佛道 成就自然智 常當勤供養 受持法華者
其有欲疾得 一切種智慧 當受持是經 幷供養持者

만약 법화경을 받아 지니는 자가 있으면 마땅히 알아라. 부처님께서 보낸 사람인데 중생들을 가엾게 여기기 때문이니라. 법화경을 받아 지닌 사람들은 중생을 불쌍히 여기어서 청정한 국토를 버리고 여기에 태어난 것이니라.

마땅히 알아라. 이와 같은 사람은 나고 싶은 곳에 마음대로 날 수 있으므로 이 나쁜 세상에서 위없는 법을 널리 설하는 것이니, 응당

若有能受持　妙法華經者　當知佛所使　愍念諸衆生
諸有能受持　妙法華經者　捨於淸淨土　愍衆故生此
當知如是人　自在所欲生　能於此惡世　廣說無上法

하늘의 꽃과 향과 하늘의 보물과 옷과 하늘 위의 좋은 보배더미로 설법하는 사람에게 공양하여라.

내가 열반한 후 나쁜 세상에서 이 경을 지니고 있는 자에게는 세존께 공양하듯이 합장 예배하고 공경하여야 하며, 감미로운 맛이 나는 좋은 음식과 가지가지 옷으로 공양하고 잠깐이라도 듣기를 원하여라. 후세에서 이 경을 받아 지니는 사람은 내가 보내서, 사람

應以天華香　及天寶衣服　天上妙寶聚　供養說法者
吾滅後惡世　能持是經者　當合掌禮敬　如供養世尊
上饌衆甘美　及種種衣服　供養是佛子　冀得須臾聞
若能於後世　受持是經者

가운데 있으면서 여래의 일을 하는 것이니라.

만약 일 겁 내내 나쁜 마음을 품고 성을 내며 부처님을 욕하면 한량없이 무거운 죄를 짓는 것이 되는데, 이 법화경을 읽고 외우며 지니는 사람에게 잠깐만이라도 나쁜 말을 하면 이 죄는 부처님을 욕한 죄보다 더 무거우니라.

어떤 사람이 불도를 구하려고 일 겁 동안을 합장하고 내 앞에 있

我遣在人中　行於如來事　若於一劫中　常懷不善心
作色而罵佛　獲無量重罪　其有讀誦持　是法華經者
須臾加惡言　其罪復過彼　有人求佛道　而於一劫中
合掌在我前

으면서 수없는 게송으로 찬탄하면 이렇게 부처님을 찬탄한 연고로 한량없는 공덕을 얻는데, 이 경을 지닌 자를 좋게 찬탄하면 그 복이 부처님을 찬탄한 공덕보다도 훨씬 많으니라.

팔십억 겁 동안 가장 좋은 것과 소리와 향과 맛과 닿이는 것으로 이 경을 받아 가진 사람에게 공양하여라. 이와 같이 공양을 하고 잠시라도 듣게 되면 스스로 기뻐하

以無數偈讚　由是讚佛故　得無量功德　歎美持經者
其福復過彼　於八十億劫　以最妙色聲　及與香味觸
供養持經者　如是供養已　若得須臾聞　則應自欣慶

고 경사스러워 하며 내가 지금 큰 이익을 얻었다 하여라.

약왕아! 이제 너에게 말하는데, 내가 설한 경전들 가운데서 이 법화경이 가장 으뜸이니라.

부처님께서 다시 약왕보살마하살에게 말씀하셨다.

"내가 설하는 경전은 한량없는 천만억이니라. 설한 것과 설하고 있는 것과 설하여야 할 것이 있는

我今獲大利 藥王今告汝 我所說諸經 而於此經中
法華最第一

爾時 佛 復告藥王菩薩摩訶薩 我所說經典 無量千萬億 已說今說當說

데, 그 중에서 이 법화경이 가장 믿기 어렵고 이해하기 어려우니라. 약왕아! 이 경은 부처님들의 비밀스럽고 중요한 법장이니 널리 퍼뜨리지 말고 함부로 주지 말아라. 모든 부처님께서 수호하시는 바인데, 예로부터 오늘에 이르기까지 한 번도 이 경을 드러내어 설하지 않았느니라. 여래가 현재 있는데도 불구하고 원망과 미움이 많은데, 하물며 열반한 후에야

而於其中 此 法華經 最爲難信難解 藥王 此經 是 諸佛秘要之藏 不可分布 妄授與人 諸佛世尊之所守護 從昔已來 未曾顯說 而此經者 如來現在 猶多怨嫉 況 滅度後

어떠하겠느냐!

　약왕아! 마땅히 알아라. 여래가 열반한 후에 만일 쓰고 받아 지니며 읽고 외우며 공양하고 다른 사람을 위하여 설하는 자가 있으면 여래가 곧 옷으로 덮어 주시고, 또 다른 곳에 현재 계시는 부처님들께서 돌보아 주실 것이니라. 이 사람은 큰 신심의 힘과 마음으로 원하는 힘과 선근의 힘이 있으니 마땅히 알아라.

藥王 當知 如來滅後 其能書持 讀誦供養 爲 他人說者 如來則 爲以衣覆之 又爲他方現在諸佛之所護念 是人 有 大信力 及 志願力 諸 善根力 當知是人

이 사람은 여래와 함께 머물게
될 것이며, 여래가 손으로 그의 머
리를 쓰다듬어 줄 것이니라.
　약왕아! 어느 곳이든 설하거나
읽거나 외우거나 쓰거나 경전이
있는 곳에는 모두다 칠보탑을 세
워서 지극히 높고 넓게 하며 아름
답게 꾸미되, 사리를 모실 필요는
없느니라. 왜냐하면 이 속에는 이
미 여래의 온 몸이 있기 때문이니
라. 이 탑에 일체의 꽃과 향과 영

與如來 共宿 則爲如來 手摩其頭 藥王 在在處處 若說若讀 若
誦若書 若 經卷所住處 皆應起 七寶塔 極令高廣嚴飾 不須復安
舍利 所以者何 此中 已有如來全身 此塔 應以一切 華香瓔珞

락과 비단 가리개와 깃발과 음악과 노래로 공양, 공경하고 존중, 찬탄하여라. 만일 어떤 사람이 이 탑을 보고 예배하고 공양하면 마땅히 알아라. 이들은 모두다 아뇩다라삼먁삼보리에 가까워진 것이니라.

약왕아! 많은 사람들이 집에 있거나 출가하였거나 보살도를 행하되, 이 법화경을 보고 듣고 읽고 외우고 쓰고 지니고 공양하지

繪蓋幢幡 伎樂歌頌 供養恭敬 尊重讚歎 若有人 得見此塔 禮拜供養 當知是等 皆近阿耨多羅三藐三菩提 藥王 多有人 在家出家 行 菩薩道 若不能得 見聞讀誦書持供養

않는다면 마땅히 알아라. 이 사람은 보살도를 잘 행하지 못하는 사람이니라. 이 경전을 들은 자라야만 비로소 보살의 도를 잘 행할 수 있느니라.

　만일 중생으로서 불도를 구하는 자가 이 법화경을 보기도 듣기도 하는데, 듣고서 믿고 이해하여 받아들여 지니는 자는 마땅히 알아라. 이 사람은 아뇩다라삼먁삼보리에 가까워진 사람이니라.

是法華經者 當知是人 未善行 菩薩道 若有得聞 是經典者 乃能善行 菩薩之道 其有衆生 求佛道者 若見若聞 是 法華經 聞已信解受持者 當知是人 得近阿耨多羅三藐三菩提

약왕아! 비유하자면 어떤 사람이 목이 말라 언덕 위에서 구멍을 파서 물을 구하려 하는데 마른 흙만 나오면, 물이 여전히 멀리 있는 것으로 알고 계속 파 내려가다가 젖은 흙이 나오기 시작하고 마침내 진흙이 나오면, 반드시 물이 가까이 있음을 아는 것과 같으니라.

보살도 이와 같아서 이 법화경을 듣지 못하고 이해하지 못하여 닦고 익히지 않으면, 이런 사람은

藥王 譬如有人 渴乏須水 於彼高原 穿鑿求之 猶見乾土 知水尚遠 施功不已 轉見濕土 遂漸至泥 其心 決定 知水必近 菩薩 亦復如是 若 未聞未解 未能修習是 法華經 當知是人 去

아뇩다라삼먁삼보리에 가는 것이 아직도 멀었음을 알아야 하느니라.

만약 듣고 이해하여 생각하고 닦고 익히면 반드시 아뇩다라삼먁삼보리에 가까워진 것으로 알아라. 왜냐하면 일체 보살의 아뇩다라삼먁삼보리가 모두다 이 경에 속하기 때문이니라. 이 경은 방편의 문을 열어 진실한 모습을 보이느니라. 이 법화경의 가르침은

阿耨多羅三藐三菩提 尙遠 若得聞解 思惟修習 必知得近 阿耨多羅三藐三菩提 所以者何 一切菩薩 阿耨多羅三藐三菩提 皆屬此經 此經 開方便門 示 眞實相 是 法華經藏

깊고 굳으며 그윽하고 멀어서 다 다를 수 있는 사람이 없기에, 이제 부처님께서 보살들을 교화하여 성취시키려고 열어 보이시는 것이니라.

약왕아! 만약에 보살이 이 법화경을 듣고 놀라거나 의심하고 두려워하거나 무서워하면, 이런 사람은 새로 발심한 보살임을 알아야 하는데, 성문으로서 이 경을 듣고 놀라거나 의심하거나 두려워

深固幽遠 無人能到 今佛敎化 成就菩薩 而爲開示 藥王 若有菩薩 聞是法華經 驚疑怖畏 當知是爲 新發意菩薩 若 聲聞人 聞是經 驚疑怖畏

하거나 무서워하면, 교만한 자임을 마땅히 알아라.

약왕아! 선남자 선여인으로서 여래가 열반한 후에 사부대중을 위하여 이 법화경을 설하고자 하는 사람은 응당 어떻게 설해야 하는가 하면, 여래의 방에 들어가서 여래의 옷을 입고, 여래의 자리에 앉아서 사부대중을 위하여 이 경을 널리 설해야 하느니라. 여래의 방이라 함은 일체 중생에 대한 대

當知是爲 增上慢者 藥王 若有善男子 善女人 如來滅後 欲爲四衆 說是法華經者 云何應說 是善男子 善女人 入 如來室 著 如來衣 坐 如來座 爾乃應爲四衆 廣說斯經 如來室者 一切衆生中

자비심이고, 여래의 옷이라 함은 부드럽고 온화하며 욕된 것을 참는 것이며, 여래의 자리라 함은 모든 법은 공이라는 것이니, 이 가운데 편안히 머무른 다음 게으르지 않은 마음으로 보살들과 사부대중을 위하여 이 법화경을 널리 설하여야 하느니라.

약왕아! 내가 다른 나라에서 신통력으로 나타낸 사람을 보내어, 그를 위하여 법을 들을 무리들을

大 慈悲心 是 如來衣者 柔和忍辱心 是 如來座者 一切法空 是 安住是中然後 以 不懈怠心 爲諸菩薩及四衆 廣說 是 法華經 藥王 我於餘國 遣化人 爲其集 聽法衆

모이게 하고, 또 신통력으로 나타
낸 비구, 비구니, 우바새, 우바이
들을 보내어 그가 설법하는 것을
듣게 하는데, 신통으로 나타낸 이
런 사람들은 법을 듣고 믿으며 받
아들여 잘 따르며 거스르지 않느
니라.

　만일 설법하는 사람이 고요하
고 한적한 곳에 있으면 내가 바로
천, 용, 귀신, 건달바, 아수라 등
을 보내어 그가 설법하는 것을 듣

亦遣化比丘 比丘尼 優婆塞優婆夷 聽其說法 是諸化人 聞法信
受 隨順不逆 若 說法者 在空閑處 我時廣遣 天龍鬼神 乾闥婆
阿修羅等 聽其說法

게 하고, 내가 비록 다른 나라에 있더라도 때때로 설법하는 사람으로 하여금 나의 몸을 볼 수 있게 하며, 이 경의 구절을 잃어버렸거나 머뭇거리면 내가 돌아와서 그를 위해 설하여 완전하게 하여 주느니라."

세존께서 이 뜻을 거듭 펴시려고 게송으로 말씀하셨다.

게으른 마음을 버리려거든 이

我 雖在異國 時時令說法者 得見我身 若於此經 忘失句逗 我還爲說 令得具足
爾時世尊 欲 重宣此義 而說偈言

欲捨諸懈怠

경을 들어야 하느니라. 이 경은 듣기 어려우며 믿고 받아들이기도 어려우니라. 목마른 사람이 물이 필요하여 높은 언덕에서 구덩이를 팠으나 계속 물기 없는 마른 흙만 보게 되면, 물이 있는 곳이 여전히 먼 것으로 알다가, 차츰 젖은 흙과 진흙을 보게 되면 반드시 물이 가까이 있음을 아는 것과 같으니라.

약왕아! 마땅히 알아라. 이와

應當聽此經　是經難得聞　信受者亦難　如人渴須水
穿鑿於高原　猶見乾燥土　知去水尙遠　漸見濕土泥
決定知近水　藥王汝當知

같이 사람들이 법화경을 듣지 못하면 부처님 지혜로 가는 것이 매우 먼 것이니라. 이 경을 깊이 들으면 성문의 법은 반드시 깨닫느니라. 이 경은 모든 경의 왕이므로 듣고서 자세히 생각하는 이런 사람들은 부처님의 지혜에 가까이 있는 줄을 알아라.

　사람이 이 경을 설하려면, 마땅히 여래의 방에 들어가서 여래의 옷을 입고, 여래의 자리에 앉아,

如是諸人等　不聞法華經　去佛智甚遠　若聞是深經
決了聲聞法　是諸經之王　聞已諦思惟　當知此人等
近於佛智慧　若人說此經　應入如來室　著於如來衣
而坐如來座

대중 가운데 두려움 없이 자세히 설하여야 하느니라. 대자비가 방이고, 부드럽고 온화하며 욕되는 것을 참는 것이 옷이며, 모든 법은 실체가 없다는 것이 자리이니, 이런 곳에 앉아서 법을 설하여라. 만일 이 경을 설할 때에 어떤 사람이 욕설을 하거나 칼이나 몽둥이나 기와나 돌로 치더라도 부처님을 생각하며 마땅히 참을 지니라.

　나는 천만억 나라에서 맑고 견

處衆無所畏　廣爲分別說　大慈悲爲室　柔和忍辱衣
諸法空爲座　處此爲說法　若說此經時　有人惡口罵
加刀杖瓦石　念佛故應忍　我千萬億土

고한 몸을 나타내어 헤아릴 수 없는 겁 동안 중생을 위하여 법을 설하느니라. 내가 열반한 후에 이 경을 설하는 자가 있으면, 내가 신통력으로 변화시킨 비구와 비구니와 청신사와 청신녀를 보내어 법사에게 공양하게 하고 중생들을 모이게 하여 법을 듣게 하리라.

만일 어떤 사람이 악한 마음으로 칼이나 몽둥이나 기와나 돌로 치려 하면, 바로 변화시킨 사람들

現淨堅固身　於無量億劫　爲衆生說法　若我滅度後
能說此經者　我遣化四衆　比丘比丘尼　及淸信士女
供養於法師　引導諸衆生　集之令聽法　若人欲加惡
刀杖及瓦石　則遣變化人

을 보내서 지키고 보호하겠노라.
만일 설법하는 사람이 혼자서 사람 소리도 없는 한적하고 쓸쓸하며 고요한 데서 이 경전을 읽고 외우면, 내가 그때 청정하고 밝게 빛나는 몸을 나타내며, 만일 문장이나 구절을 잊어버리면 설하여 주어서 통달하게 하리라.
또 어떤 사람이 이런 덕을 갖추고 사부대중을 위하여 법을 설하거나 고요한 곳에서 경을 읽거나

爲之作衛護　若說法之人　獨在空閑處　寂寞無人聲
讀誦此經典　我爾時爲現　淸淨光明身　若忘失章句
爲說令通利　若人具是德　或爲四衆說　空處讀誦經

외우면 모두다 나를 보게 하리라. 또 어떤 사람이 고요한 곳에 있으면, 내가 하늘과 용왕과 야차와 귀신 등을 보내어 법을 듣는 대중이 되게 하리라. 이 사람은 법을 즐거이 설하고 걸림 없이 분별하며 부처님들께서 보살피시므로 대중들을 기쁘게 하느니라.

또 법사를 가까이 하고 따르면 보살의 도를 빨리 얻게 될 것이며, 이 법사를 잘 따라 배우면 항하의

皆得見我身 若人在空閒 我遣天龍王 夜叉鬼神等
爲作聽法衆 是人樂說法 分別無罣礙 諸佛護念故
能令大衆喜 若親近法師 速得菩薩道 隨順是師學

모래 수 같은 부처님을 보게 될 것이니라.

제 십 법사품 끝

得見恒沙佛

第 十 法師品 終

제 십일 견보탑품

 그때 부처님 앞에 높이가 오백 유순이고 가로 세로가 이백오십 유순인 칠보탑이 땅에서 솟아올라 공중에 머물렀다. 가지가지 보물로 잘 꾸며졌는데 난간이 오천이고 감실이 천만이며, 수없는 깃발로 아름답게 꾸미고 보배로 된 영락을 드리우고, 만억이나 되는 보배 구슬을 그 위에 매달았다.

第 十一　見寶塔品

爾時佛前 有 七寶塔 高 五百由旬 縱廣 二百五十由旬 從地踊出 住在空中 種種寶物 而莊校之 五千欄楯 龕室千萬 無數幢幡 以爲嚴飾 垂寶瓔珞 寶鈴萬億 而懸其上

사면에서는 모두 다마라발전단의 향기가 나와 세계에 가득하였고, 깃발과 덮개들을 금, 은, 유리, 자거, 마노, 진주, 매괴 등의 칠보로 만들었는데 높이가 사천왕의 궁전에까지 닿아 있었다.

삼십삼천은 하늘의 만다라 꽃을 비 오듯이 내려 보배탑에 공양을 하고 다른 하늘과 용과 야차와 건달바, 아수라, 가루라, 긴나라, 마후라가의 사람인듯 아닌 듯한

四面 皆出 多摩羅跋栴檀之香 充遍世界 其諸幡蓋 以 金銀 瑠璃 硨磲 瑪瑙 眞珠 玫瑰 七寶 合成 高至四天王宮 三十三天 雨天曼陀羅華 供養寶塔 餘諸天龍 夜叉 乾闥婆 阿修羅 迦樓羅 緊那羅 摩睺羅伽 人非人等 千萬億衆

이들 등 천만억 대중들은 모든 꽃과 향과 영락과 깃발과 덮개와 음악으로 보배탑에 공양하고 공경, 존중, 찬탄하였다. 그때 보배탑 가운데에서 큰 음성으로 찬탄하였다.

"거룩하시고도 거룩하십니다. 석가모니 세존이시여! 평등하고 큰 지혜로써 보살을 가르치는 법이며 부처님께서 늘 마음에 두고 보호하시는 묘법화경을 대중들에

以 一切華香瓔珞 幡蓋伎樂 供養寶塔 恭敬尊重讚歎 爾時寶塔中 出 大音聲 歎言 善哉善哉 釋迦牟尼世尊 能以平等大慧 敎菩薩法 佛所護念 妙法華經 爲大衆說 如是

게 설하시는데, 그렇습니다. 그렇습니다. 석가모니 세존께서 말씀하신 것은 모두다 진실합니다."

그때 사부대중은 큰 보배탑이 공중에 머물러 있는 것과 보배탑 가운데서 음성이 들리는 것을 듣고 모두다 법의 기쁨을 얻었는데, 기이하고도 전에 없던 일이라, 자리에서 일어나 합장 공경하며 한쪽으로 물러나 있었다.

이때 대요설이라는 보살마하살

如是 釋迦牟尼世尊　如所說者 皆是眞實 爾時四衆 見大寶塔 住在空中 又聞塔中 所出音聲 皆得法喜 怪 未曾有 從座而起 恭敬合掌 却住一面 爾時 有 菩薩摩訶薩 名 大樂說 知 一切世間 天人阿修羅等

이 일체 세간의 천, 인, 아수라들이 궁금해하는 것을 알고 부처님께 말씀드렸다.

"세존이시여! 어떠한 인연으로 이 보배탑이 땅에서 솟아 나왔으며, 또 그 가운데서 이런 음성이 나오는 것입니까?"

부처님께서 대요설보살에게 말씀하셨다.

"이 보배탑 속에는 여래의 온전한 몸이 있느니라. 저 먼 과거에

心之所疑 而白佛言 世尊 以何因緣 有此寶塔 從地涌出 又於其中 發是音聲 爾時 佛告大樂說菩薩 此寶塔中 有 如來全身 乃往過去 東方 無量千萬億

동방으로 한량없는 천만억 아승지 세계를 지나서 보정이라는 나라가 있었는데, 그 곳에 명호가 다보라는 부처님께서 계셨느니라. 그 부처님께서 보살의 도를 행하실 때 크게 서원하시기를 '내가 만약 성불하면 열반한 후에라도 법화경을 설하는 곳이 있으면, 시방의 어느 국토에라도 이 경을 듣기 위하여 나의 탑이 그 앞에 솟아나서 증명을 하면서 거룩하시다

阿僧祇世界 國名 寶淨 彼中 有佛 號曰多寶 其佛 行 菩薩道時 作 大誓願 若我成佛 滅度之後 於 十方國土 有說法華經處 我之塔廟 爲聽是經故 涌現其前 爲作證明 讚言善哉

고 찬탄하리라.' 하셨느니라.

　그 부처님께서 도를 이루신 후에 열반에 이르렀을 때 하늘과 사람의 대중 가운데서 비구들에게 이르시되, '내가 열반한 후에 나의 몸에 공양을 하려는 자는 마땅히 큰 탑을 하나 세워라.' 하셨느니라.

　그 부처님께서는 신통한 원력으로 시방세계의 곳곳에 계시다가 법화경을 설하는 사람이 있으

彼佛成道已 臨滅度時 於 天人大衆中 告諸比丘 我滅度後 欲供養我全身者 應起一大塔 其佛 以 神通願力 十方世界 在在處處 若有說 法華經者 彼之寶塔 皆 涌出其前

면 그 보배탑이 꼭 그 앞에 솟아오르고 몸이 그 탑 속에 있다가 '거룩하고도 거룩합니다!'라고 찬탄의 말씀을 하시는 것이니라.

　대요설아, 지금 다보여래의 탑은 법화경 설하는 것을 들으려고 땅에서 솟아올라 '거룩하고 거룩합니다!'라고 찬탄하시는 것이니라."

　이때 대요설보살이 여래의 신통력을 입어 부처님께 말씀드렸다.

全身 在於塔中 讚言善哉善哉 大樂說 今 多寶如來塔 聞說法華經故 從地涌出 讚言善哉善哉
是時 大樂說菩薩 以 如來神力故 白佛言 世尊 我等

"세존이시여! 저희들은 이 부처님의 몸을 보고 싶습니다."

부처님께서 대요설보살마하살에게 말씀하셨다.

"이 다보 부처님께서는 깊고도 중대한 서원이 있는데 '만일에 나의 보배탑이 법화경을 들으려고 부처님들 앞에 나올 때에 나의 몸을 사부대중이 보려고 하면, 그 부처님의 분신으로서 시방세계에서 설법을 하고 계시는 부처님들께

願欲見此佛身 佛告 大樂說菩薩摩訶薩 是 多寶佛 有 深重願 若我寶塔 爲聽法華經故 出於諸佛前時 其有欲以我身 示 四衆者 彼佛分身諸佛 在於十方世界說法 盡 還集一處然後

서 모두다 되돌아와서 한 곳에 모였을 때라야 내 몸을 나타내리라.' 하는 것이었느니라.

그러니 대요설아! 나의 분신 부처님으로서 시방의 세계에서 법을 설하고 계시는 분들을 이제 모으겠노라."

대요설이 부처님께 여쭈었다.

"세존이시여! 저희들은 세존의 분신이신 부처님들도 뵙고 예배하고 공양하고 싶습니다."

我身 乃出現耳 大樂說 我 分身諸佛 在於十方世界說法者 今應當集 大樂說 白佛言 世尊 我等 亦願欲見世尊 分身諸佛 禮拜供養
爾時 佛放白毫一光

이때에 부처님께서 백호상으로 한줄기 빛을 놓으시니 바로 동방의 오백만억 나유타 항하사 같은 국토의 모든 부처님들께서 보였다. 그 국토들은 모두 수정으로 땅이 되어 있고 보배 나무와 보배 옷으로 아름답게 꾸며져 있었으며, 수없는 천만억 보살들이 그 속에 가득하고 보배 장막을 두루 치고 보배 그물을 덮었다.

그 나라의 부처님들께서 크고

即見東方 五百萬億 那由他 恒河沙等 國土諸佛 彼諸國土 皆以玻璃爲地 寶樹寶衣 以爲莊嚴 無數千萬億菩薩 充滿其中 遍張寶幔 寶網羅上 彼國諸佛 以大妙音 而說諸法

묘한 음성으로 설법을 하고 계시는 것과 또 나라마다 가득한 한량없는 천만억 보살들이 중생을 위하여 설법하는 것이 보였는데, 남서북방과 사유 상하도 백호상의 광명이 비치는 곳이면 역시 이와 같았다. 그때 시방의 부처님들께서 각각 보살들에게 말씀하셨다.

"선남자들아! 나는 지금 석가모니 부처님께서 계시는 사바세계로 갈 것이며, 또 다보여래의 보

及見無量千萬億菩薩 遍滿諸國 爲衆說法 南西北方 四維上下 白毫相光 所照之處 亦復如是
爾時 十方諸佛 各告衆菩薩言 善男子 我今 應往娑婆世界 釋迦牟尼佛所 幷 供養多寶如來寶塔

배탑에도 공양할 것이니라."

이때 사바세계는 청정하게 변하여 유리로 땅이 되고, 보배 나무로 꾸며지고 황금으로 줄을 만들어 여덟 길의 경계를 하였으며, 모든 부락과 마을과 도시와 큰 바다와 강과 하천과 산과 내와 숲이 없어지고, 큰 보배 향이 피어오르며 만다라꽃이 그 땅에 두루 깔리고 보배 그물과 장막이 그 위에 덮였으며 보배 방울이 매달리었다.

時 娑婆世界 卽變淸淨 瑠璃爲地 寶樹莊嚴 黃金爲繩 以界八
道 無諸聚落 村營城邑 大海江河 山川林藪 燒 大寶香 曼陀羅
華 遍布其地 以 寶網만 羅覆其上 懸諸寶鈴 唯留此會衆

오직 이 법회의 대중만 남겨두고 천인들과 사람들을 다른 국토로 옮겨 두었다. 이때 여러 부처님들께서 각각 한 대보살을 시자로 삼아 거느리고 사바세계로 오시어 보배 나무 아래에 이르렀다. 하나 하나의 보배 나무는 높이가 오백 유순이고 가지와 잎과 꽃과 열매가 차례로 장엄 되었다.

보배 나무 아래마다 사자좌의 높이가 오유순이나 되고 큰 보배

移諸天人 置於他土 是時諸佛 各將 大菩薩 以爲侍者 至 娑婆世界 各到寶樹下 一一寶樹 高 五百由旬 枝葉華菓 次第莊嚴 諸寶樹下 皆有師子之座 高 五由旬 亦以大寶 而 校飾之

로 잘 꾸며져 있는데, 부처님들께서 각각 이 자리에 결가부좌로 앉으셨다. 이와 같이 앉으셔서 삼천대천세계가 가득찼으나, 석가모니 부처님의 한쪽 방위의 부처님들마저도 다 앉으시지 못하였다.

이때 석가모니 부처님께서 분신 부처님들을 모두 모시려고 팔방으로 각각 이백만억 나유타의 나라를 다시 변화시켜 모두다 청정하게 하시고, 지옥, 아귀, 축생,

爾時諸佛 各於此座 結跏趺坐 如是展轉 遍滿三千大千世界 而於釋迦牟尼佛 一方所分之身 猶故未盡 時 釋迦牟尼佛 欲容受所分身諸佛故 八方 各 更變二百萬億 那由他國 皆令淸淨 無有地獄餓鬼畜生 及阿修羅 又移諸天人

아수라가 없어지고 천인들과 사람들을 다른 나라로 옮기시었다.
　신통으로 변화된 나라는 역시 유리로 땅이 되고 보배 나무로 꾸며졌으며, 나무의 높이가 오백유순인데 가지와 잎과 꽃과 열매가 차례로 달려 아름답게 꾸며졌고, 나무 아래마다 보배의 사자좌가 있는데 높이가 오유순이고 가지가지 보물들로 잘 꾸며졌으며, 큰 바다와 강과 목진린타산과 마하

置於他土 所化之國 亦以瑠璃 爲地 寶樹莊嚴 樹高 五百由旬
枝葉華菓 次第嚴飾 樹下 皆有 寶 師子座 高 五由旬
種種諸寶 以爲莊校 亦無大海江河 及 目眞隣 陀山 摩訶目眞
隣陀山 鐵圍山 大鐵圍山

목진린타산, 철위산, 대철위산, 수미산 등의 큰 산들 없이 하나의 불국토로 통일되니, 보배로 된 땅은 평평하고 반듯하였고, 보배로 만든 교로만이 그 위에 두루 덮였으며, 깃발과 덮개가 매달렸으며 큰 보배 향이 타오르고 하늘의 보배 꽃들이 그 땅에 두루 깔리었다.

석가모니 부처님께서 부처님들이 오셔서 앉게 하시려고 다시 팔방으로 각각 이백만억 나유타의

須彌山等 諸山王 通爲一佛國土 寶地平正 寶交露幔 遍覆其上 懸諸幡蓋 燒 大寶香 諸天寶華 遍布其地 釋迦牟尼佛 爲諸佛 當來坐故 復於八方 各 更變二百萬億 那由他國 皆令淸淨

나라를 바꾸어 모두다 청정하게 하시고 지옥, 아귀, 축생과 아수라가 없어지니, 천인들과 사람들을 다른 나라로 옮겨 놓으셨다.

　변화로 된 나라들은 역시 유리로 땅이 되고 보배 나무로 꾸며졌는데, 나무의 높이는 오백유순이고 가지와 잎과 꽃과 열매들이 차례로 꾸며졌으며, 나무 아래마다 보배의 사자좌가 있는데 높이가 오유순이나 되었고 역시 큰 보배

無有地獄餓鬼畜生 及 阿修羅 又 移諸天人 置於他土 所化之國
亦以瑠璃 爲地 寶樹莊嚴 樹高 五百由旬 枝葉華菓 次第莊嚴
樹下 皆有 寶 師子座 高 五由旬 亦以大寶 而校飾之

로 잘 꾸며져 있었다.

또 큰 바다와 강과 목진린타산, 마하목진린타산, 철위산, 대철위산, 수미산 등의 큰 산들이 없어 하나의 불국토로 통일되었는데, 보배로 된 땅은 평평하고 반듯하며 보배로 된 교로만이 땅위에 두루 덮였으며, 깃발과 덮개들이 매달려 있고, 큰 보배 향이 피어오르고, 하늘의 보배 꽃들이 그 땅에 두루 깔려 있었다.

亦無大海江河 及 目眞隣陀山 摩訶目眞隣陀山 鐵圍山 大鐵圍山 須彌山等 諸山王 通爲一佛國土 寶地平正 寶交露幔 遍覆其上 懸諸幡蓋 燒 大寶香 諸天寶華 遍布其地
爾時 東方 釋迦牟尼 所分之身

그때 석가모니 부처님의 분신으로 동방의 백천만억 나유타 항하사 같은 국토에서 설법을 하시던 부처님들께서 이곳으로 모이셨다. 이와 같이 차례로 시방의 부처님들께서 모두다 오셔서 팔방에 앉으시니, 방위마다 사백만억 나유타의 국토가 부처님 여래들로 가득하였다.

이때 부처님들께서 각자 보배나무 아래의 사자좌에 앉아 계시

百千萬億 那由他 恒河沙等 國土中諸佛 各各說法 來集於此 如是次第 十方諸佛 皆悉來集 坐於八方 爾時一一方 四百萬億 那由他 國土 諸佛如來 遍滿其中 是時諸佛 各在寶樹下 坐 師子座 皆遣侍者

면서, 모두들 시자를 보내어 석가모니 부처님께 문안을 드리게 하였는데, 각각 보배 꽃을 골라 한아름씩 쥐게 하고 이르시되,

"선남자야! 너는 석가모니 부처님께서 계시는 기사굴산으로 가서 내가 말한 대로 하라." 하며 이르시었다.

" '조그마한 병도 없으시고 조그마한 고달픔도 없으시며 기력은 편안하시고 즐거우시며 보살

問訊釋迦牟尼佛 各齎寶華 滿掬而告之言 善男子 汝往詣 耆闍崛山 釋迦牟尼 佛所 如我辭曰 少病少惱 氣力 安樂 及菩薩 聲聞衆 悉安隱不

과 성문들도 모두 편안하십니까?' 한 후에 이 보배 꽃을 부처님께 흩어 공양하면서 '저 아무개 부처님께서 이 보배 탑을 열어 주셨으면 합니다.'라고 말씀드려라."

이때 석가모니 부처님께서는 분신 부처님들께서 모두 모이셔서 각각 사자좌에 앉아 계시는 것을 보시고, 또 부처님들께서 다 같이 보배 탑 열어 주시기를 원하

以此寶華 散佛供養 而作是言 彼某甲佛 與欲開此寶塔 諸佛遣使 亦復如是 爾時 釋迦牟尼佛 見 所分身佛 悉已來集 各各坐於 師子之座 皆聞諸佛 與欲同開寶塔 卽從座起

는 말씀을 모두 듣고, 자리에서 일어나 허공중에 머무르시니, 일체의 사부대중이 일어서서 합장하고 일심으로 부처님을 우러러 보았다.

이때 석가모니 부처님께서 오른손가락으로 칠보탑의 문을 여시니 큰 소리가 나는데, 마치 자물쇠를 젖히고 큰 성문을 여는 것 같았다.

그때 그 자리에 모인 일체 대중

住 虛空中 一切四衆 起立合掌 一心觀佛 於是釋迦牟尼佛 以右指 開 七寶塔戶 出 大音聲 如却關鑰 開大城門
卽時 一切衆會 皆見多寶如來 於 寶塔中

이 다보여래를 보니 보배 탑 속의 사자좌에 앉고 계시는데 전신이 흩어지지 않아 선정에 드신 듯 하였다.

또 그가, "거룩하고도 거룩하십니다. 석가모니불께서 이 법화경을 설하시므로 이 경을 들으려고 이곳에 왔습니다." 하시는 것도 들었다.

사부대중들은 한량없는 천만억 겁 전에 열반하신 부처님께서 이

坐師子座 全身不散 如入禪定 又聞其言 善哉善哉 釋迦牟尼佛 快說是 法華經 我爲聽是經故 而來至此 爾時四衆等 見 過去無量千萬億劫 滅度佛 說 如是言

와 같이 말씀하시는 것을 보고, 이제까지 한 번도 없었던 뜻밖의 일이라고 찬탄하며, 하늘의 보배 꽃 뭉음을 다보 부처님과 석가모니 부처님 위에 흩었다. 그때 다보 부처님께서 보배탑 속의 자리를 반 나누어 주시며 석가모니 부처님께 "석가모니 부처님이시여! 이 자리에 앉으십시오." 하시니, 석가모니 부처님께서 즉시 그 탑 속으로 들어가셔서 반으로 나누어

歎 未曾有 以天寶華聚 散多寶佛 及 釋迦牟尼佛上
爾時 多寶佛 於 寶塔中 分半座 與 釋迦牟尼佛 而作是言 釋迦牟尼佛 可就此座 卽時 釋迦牟尼佛 入其塔中 坐其半座 結跏趺坐

높은 자리에 앉아 결가부좌를 하셨다.

그때 대중들이 두 분 여래께서 칠보탑 속의 사자좌에 결가부좌로 계시는 것을 보고, 모두 다 생각하기를 '부처님께서 높고 멀리 앉아 계시니 오직 원하옵건대, 우리들도 여래께서 신통력으로 허공중에 같이 있게 하여 주셨으면…' 하였는데, 석가모니 부처님께서 즉시 신통력으로 대중들을 이끌

爾時大衆 見 二如來 在 七寶塔中 師子座上 結跏趺坐 各作是念 佛座高遠 唯願如來 以 神通力 令我等輩 俱處虛空 卽時釋迦牟尼佛 以神通力 接諸大衆 皆在虛空 以

어서 모두 허공중에 있게 하시고 큰 음성으로 사부대중에게 널리 말씀하셨다.

"누가 이 사바세계에서 묘법화경을 널리 설하겠느냐? 지금이 바로 그러할 때이다. 여래는 머지 않아 열반에 들 것이니라. 부처님께서는 이 묘법화경을 부촉하여 두고자 하는 것이니라."

세존께서 이 뜻을 거듭 펴시려고 게송으로 말씀하셨다.

大音聲 普告四衆 誰能於此娑婆國土 廣說妙法華經 今正是時
如來 不久 當入涅槃 佛欲以此 妙法華經 付囑有在
爾時 世尊 欲 重宣此義 而說偈言

거룩하신 세존께서 열반하신 지가 오래되었지만, 보배 탑 안에 계시며 여전히 법을 위해 오시는데, 사람들은 어찌하여 법을 위해 부지런하지를 않느냐?

이 부처님 열반하신 지가 말로 다할 수 없는 겁이지만, 곳곳마다에서 법을 들으시려는 것은 듣기가 어렵기 때문이니라. 저 부처님의 본래 서원은 '나는 열반한 후에라도 어느 곳이든 가서 항상 법

聖主世尊　雖久滅度　在寶塔中　尙爲法來　諸人云何
不勤爲法　此佛滅度　無央數劫　處處聽法　以難遇故
彼佛本願　我滅度後　在在所往

을 들어야겠다.'라는 것이었느니라. 그리고 나의 분신인 항하의 모래 수 같이 한량없는 부처님들도 법을 듣고 열반하신 다보여래를 친견하고 아름다운 국토와 제자들과 하늘과 사람과 용과 신들의 모든 공양을 뿌리치고 불법이 이곳에 오래 머물도록 이곳에 오신 것이니라.

부처님들을 앉으시게 하려고 신통력으로 한량없는 중생을 옮

常爲聽法	又我分身	無量諸佛	如恒沙等	來欲聽法
及見滅度	多寶如來	各捨妙土	及弟子衆	天人龍神
諸供養事	令法久住	故來至此	爲坐諸佛	以神通力
移無量衆				

기고, 국토를 청정하게 하였는데 부처님들께서 각각 보배 나무 아래로 나아가시니 맑고 깨끗한 못을 연꽃으로 아름답게 꾸민 듯 하였느니라. 보배 나무 아래마다에 있는 사자좌 위에 부처님들께서 앉으시니, 광명으로 장엄 되는 것이 어두운 밤중에 큰 횃불을 밝히는 듯 하니라.

몸에서 신비스런 향기가 나와 시방에 가득하니 중생들이 향기

令國淸淨	諸佛各各	詣寶樹下	如淸淨池	蓮華莊嚴
其寶樹下	諸師子座	佛坐其上	光明嚴飾	如夜闇中
燃大炬火	身出妙香	遍十方國	衆生蒙薰	

를 맡고 기쁨을 누르지 못하는데, 비유하면 큰 바람이 작은 나무의 가지를 흔드는 것과 같은 이런 방편으로 법을 오래 머물게 하느니라.

　대중들에게 말하는데, 내가 열반한 후에 누가 이 경을 수호하여 지니고 읽고 설하겠느냐? 지금 부처님 앞에서 스스로 맹세하며 말하여라. 이 다보 부처님께서는 열반하신 지 오래되었지만 큰 서

喜不自勝　譬如大風　吹小樹枝　以是方便　令法久住
告諸大衆　我滅度後　誰能護持　讀說斯經　今於佛前
自說誓言　其多寶佛　雖久滅度

원으로 사자후를 하시는 것이니
라. 다보여래와 나와 여기 모이신
나의 분신 부처님들께서는 이 뜻
을 잘 아시느니라.

불자들아! 누가 법을 수호하겠
느냐? 마땅히 큰 원력을 세워 오
래 머물도록 하여라.

만일 어떤 사람이 이 경의 가르
침을 잘 수호하면, 나와 다보여래
를 공양하는 것이 되느니라. 왜냐
하면 이 다보부처님이 보배 탑에

以大誓願	而師子吼	多寶如來	及與我身	所集化佛
當知此意	諸佛子等	誰能護法	當發大願	令得久住
其有能護	此經法者	則爲供養	我及多寶	此多寶佛
處於寶塔				

계시며 항상 시방세계를 다니시는 것은 이 경을 위하시기 때문이니라. 또 여기에 모이신 분신 부처님들로서 온 세계를 광명으로 장엄하시는 분들을 공양하는 것도 되느니라. 그러므로 이 경을 설하면 나와 다보여래와 나의 분신 부처님들을 뵈옵는 것이 되느니라.

선남자들아! 각자 깊이 생각하여라. 이것은 어려운 일이므로 마땅히 큰 서원을 세워라. 다른 경전

常遊十方	爲是經故	亦復供養	諸來化佛	莊嚴光飾
諸世界者	若說此經	則爲見我	多寶如來	及諸化佛
諸善男子	各諦思惟	此爲難事	宜發大願	諸餘經典

은 항하의 모래 수같이 많은데 이 것들을 다 설하더라도 어렵다고 할 수 없고, 수미산을 들어서 타방의 수없는 불국토로 던진다 하여도 어렵다고 할 수 없으며, 발가락으로 대천세계를 움직여서 멀리 다른 나라로 던지더라도 어렵다고 할 수 없으며, 유정천에 서서 대중을 위해 한량없는 경들을 설한다 해도 어렵다고 할 수 없으나, 부처님 열반 후의 악한 세상에서

數如恒沙 雖說此等 未足爲難 若接須彌 擲置他方
無數佛土 亦未爲難 若以足持 動大千界 遠擲他國
亦未爲難 若立有頂 爲衆演說 無量餘經 亦未爲難
若佛滅後 於惡世中

이 경을 설한다면, 이것은 매우 어려운 것이니라.

가령 어떤 사람이 손으로 허공을 쥐고 돌아다닌다 하여도 어려울 것이 없으나, 내가 열반한 후에 직접 쓰고 지니거나 남을 시켜 쓰게 하는 것은 어려운 것이니라. 또 큰 땅덩이를 발톱 위에 올려놓고 범천에 오른다 하여도 이것은 어렵다고 할 수 없는데, 부처님 열반 후의 악한 세상에서 이 경을 잠시

能說此經　是則爲難　假使有人　手把虛空　而以遊行
亦未爲難　於我滅後　若自書持　若使人書　是則爲難
若以大地　置足甲上　昇於梵天　亦未爲難　佛滅度後
於惡世中

라도 읽는 것은 어려운 것이니라.

가령 말세가 되어 세상이 멸망할 때 이 세상을 태우는 불 속에 마른풀을 짊어지고 들어가서 타지 않는 것도 역시 어려울 것이 없는데, 내가 열반한 후에 이 경을 지니고 한 사람을 위하여 설하더라도 이것은 어려운 것이고, 팔만 사천의 경전과 십이부경을 지니고 사람들을 위하여 연설하여 듣는 사람으로 하여금 육신통을 얻

暫讀此經　是則爲難　假使劫燒　擔負乾草　入中不燒
亦未爲難　我滅度後　若持此經　爲一人說　是則爲難
若持八萬　四千法藏　十二部經　爲人演說　令諸聽者
得六神通

게 하더라도 이와 같은 것은 어려울 것이 없지만, 내가 열반한 후에 이 경을 듣고 받아들이며 그 뜻을 묻는 것은 어려운 것이니라.

또 어떤 사람이 법을 설하여 천만억 한량없고 수없는 항하의 모래 수 같은 중생들로 하여금 아라한이 되어 육신통을 갖추게 하는 이런 이익이 있게 할지라도 역시 어려울 것이 없지만, 내가 열반한 후에 경전을 받들어 지닌다면 이

雖能如是 亦未爲難 於我滅後 聽受此經 問其義趣
是則爲難 若人說法 令千萬億 無量無數 恒沙衆生
得阿羅漢 具六神通 雖有是益 亦未爲難 於我滅後
若能奉持 如斯經典

것은 어려운 것이니라.

　내가 불도를 위해 한량없는 국토에서 처음부터 지금까지 여러 가지 경들을 널리 설하였으나 그 가운데에서 이 경이 제일이니라. 만약에 지니는 사람이 있다면 곧 부처님의 몸을 지니는 것이 되느니라.

　선남자들아, 내가 열반한 후에 누가 이 경을 받아들여 지니고 읽고 외우겠느냐? 지금 부처님 앞

是則爲難　我爲佛道　於無量土　從始至今　廣說諸經
而於其中　此經第一　若有能持　則持佛身　諸善男子
於我滅後　誰能受持　讀誦此經　今於佛前

에서 맹세의 말을 하여라. 이 경은 지니기 어려운데 잠시라도 지닌다면 내가 크게 기뻐하고 부처님들도 역시 그러하실 것이니라. 이와 같은 사람들은 부처님들의 찬탄을 받으리라. 이것이 용맹이고, 이것이 정진이며, 이것이 지계이니라. 두타행을 하는 자이니 위없는 불도를 빨리 얻게 되리라.

　다음 세상에서 이 경을 읽고 지니면 이 사람은 참된 불자라서 순

自說誓言　此經難持　若暫持者　我則歡喜　諸佛亦然
如是之人　諸佛所歎　是則勇猛　是則精進　是名持戒
行頭陀者　則爲疾得　無上佛道　能於來世　讀持此經
是眞佛子

박하고 착한 마음의 경지에 머무르며, 부처님 열반 후에 이 뜻을 이해하면, 모든 하늘과 사람과 세상의 눈이 되는것이며, 두렵고 무서운 세상에서 잠깐만 설하더라도 하늘과 사람들이 모두다 공양할 것이니라.

제 십일 견보탑품 끝

住純善地 佛滅度後 能解其義 是諸天人 世間之眼
於恐畏世 能須臾說 一切天人 皆應供養

第 十一 見寶塔品 終

제 십이 제바달다품

그때 부처님께서 보살들과 하늘과 인간과 사부대중들에게 말씀하셨다.

"내가 과거 한량없는 겁 동안 법화경 구하기에 게으름이 없었으며, 여러 겁 동안 항상 국왕이 되었지만, 위없는 깨달음을 구하여야겠다는 마음으로 물러남이 없었느니라. 육바라밀을 원만히

第 十二 提婆達多品

爾時 佛告諸菩薩 及 天人四衆 吾於過去 無量劫中 求 法華經
無有懈惓 於 多劫中 常作國王 發願求於 無上菩提 心不退轉
爲欲滿足 六波羅蜜

수행하려고 부지런히 보시를 행하되, 아끼는 마음이 없어 코끼리와 말과 칠보와 나라와 처와 자식과 남녀 하인과 머리와 눈과 골수와 뇌와 몸뚱이와 손과 발과 목숨까지도 아끼지 않았느니라.

그 당시 사람들의 수명은 한량이 없었으나 법을 위하였으므로 국왕의 지위를 버리고 태자에게 나라 다스리는 일을 맡기고 북을 쳐서 사방으로 명을 내리며 법을

勤行布施 心無吝惜 象馬七珍 國城妻子 奴婢僕從 頭目髓腦
身肉手足 不惜軀命 時世人民 壽命無量 爲於法故 捐捨國位
委政太子 擊鼓宣令 四方求法

구하길 '누가 나를 위해 대승법을 설해 주겠는가? 나의 몸이 다할 때까지 받들어 모시며 시중을 들리라.' 하였더니 어떤 선인이 왕이었던 내게로 와서 '나에게 대승이 있습니다. 이름은 묘법연화경인데, 만약 나의 뜻을 어기지 않는다면 설하여 드리겠습니다.' 하기에 그 말을 듣고 뛸 듯이 기뻐하며 바로 따라가서 필요한 것을 구해 드리고 과일도 따고 물도 길

誰能爲我 說 大乘者 吾當終身 供給走使 時有仙人 來白王言
我有大乘 名妙法華經 若不違我 當爲宣說 王聞仙言 歡喜踊躍
卽隨仙人 供給所須 採菓汲水

고 땔나무를 줍고 음식도 장만하여 드렸으며, 심지어는 몸으로 앉는 자리가 되어 주었는데 몸과 마음은 고달픔이 없었느니라. 그렇게 받들어 섬기기를 천 년이 지나도록 하였으나 법을 위하여 정성을 다해 부지런히 모셨으며 부족함이 없도록 하였느니라."

세존께서 이 뜻을 거듭 펴시려고 게송으로 말씀하셨다.

拾薪設食 乃至以身 而爲床座 身心無惓 于時奉事 經於千歲
爲於法故 精勤給侍 令無所乏 爾時世尊 欲 重宣此義 而說偈言

내가 지나간 겁을 생각해 보니 대승법을 구하기 위하여 세상의 왕이었지만 오욕락에 빠지지 않고 종을 쳐 사방에 이르기를 '누가 대승법을 가지고 있느냐? 나를 위해 해설하여 주면 마땅히 종이 되겠다.' 하였느니라.

그때 아사타 선인이 대왕인 나에게 와서 아뢰기를 '나에게 미묘한 법이 있는데 세상에는 드문 것입니다. 만일 수행을 하겠다면

我念過去劫　爲求大法故　雖作世國王　不貪五欲樂
搥鐘告四方　誰有大法者　若爲我解說　身當爲奴僕
時有阿私仙　來白於大王　我有微妙法　世間所希有
若能修行者

당신을 위하여 설하여 드리겠습니다.' 하기에 그 말을 듣고 큰 기쁨이 일어나 즉시 선인을 따라가서, 필요한 것을 구해 드리며 땔나무를 하고 과일과 열매를 따서 때에 맞추어 공경하였는데, 뜻이 묘법에 있었으므로 몸과 마음에는 게으름이 없었느니라.

널리 중생들을 위하여 대승법을 부지런히 구한 것이지, 나 자신의 몸과 오욕락을 위한 것이 아니

吾當爲汝說　時王聞仙言　心生大喜悅　卽便隨仙人
供給於所須　採薪及菓蓏　隨時恭敬與　情存妙法故
身心無懈倦　普爲諸衆生　勤求於大法　亦不爲己身
及以五欲樂

었으므로, 큰 나라의 왕으로서 이 법을 얻으려고 부지런히 노력하였으며, 마침내 성불하여 지금 너희를 위해 설하는 것이니라.

부처님께서 비구들에게 말씀하셨다.

"그때의 왕이 나의 이 몸이요, 그때의 선인이 지금의 제바달다이니라. 제바달다가 깨달음을 얻도록 이끌어 주는 좋은 스승이었

故爲大國王 勤求獲此法 遂致得成佛 今故爲汝說

佛告諸比丘 爾時王者 則 我身是 時 仙人者 今 提婆達多是 由 提婆達多 善知識故

으므로 나로 하여금 육바라밀과 자비희사와 삼십이상 팔십종호와 자주빛을 띠는 금색의 몸과 십력과 사무소외와 사섭법과 십팔불공법과 신통과 도력을 갖추게 하여 평등하고 바른 깨달음을 이루고 중생을 널리 제도하였는데, 모두다 제바달다라는 선지식을 인연하였기 때문이니라.

사부대중들에게 말하노라. 제바달다는 헤아릴 수 없는 겁을 지

令我具足 六波羅蜜 慈悲喜捨 三十二相 八十種好 紫磨金色 十力四無所畏 四攝法 十八不共神通道力 成 等正覺 廣度衆生 皆因提婆達多 善知識故 告諸四衆 提婆達多 却後過 無量劫

나서 성불하리니, 명호는 천왕여래·응공·정변지·명행족·선서·세간해·무상사·조어장부·천인사·불세존이며 세계의 이름은 천도이니라.

천왕 부처님께서는 이십중 겁 동안 세상에 머무르시며 중생을 위하여 묘한 법을 설하시므로 항하사 같은 중생들이 아라한과를 얻으며, 한량없는 중생들이 연각의 마음을 내며, 항하사 같은 중생

當得成佛 號曰天王如來 應供 正遍知 明行足 善逝 世間解 無上士 調御丈夫 天人師 佛世尊 世界名 天道 時 天王佛 住世 二十中劫 廣爲衆生 說於妙法 恒河沙衆生 得 阿羅漢果 無量衆生 發 緣覺心 恒河沙衆生

들이 위없는 도의 마음을 일으켜 무생법인을 얻으며 물러나지 않는 자리에 이를 것이니라.

천왕 부처님께서 열반에 드시면 정법이 이십중겁 동안 세상에 머무를 것이고, 전신 사리로 칠보탑을 세우는데 높이가 육십유순이고 가로 세로는 사십유순이니라. 하늘과 사람들이 모두 다 온갖 꽃과 가루 향, 사르는 향, 바르는 향, 옷, 영락, 깃발, 비단 덮개, 음

發 無上道心 得 無生忍 至 不退轉 時 天王佛 般涅槃後 正法住世 二十中劫 全身舍利 起 七寶塔 高 六十由旬 縱廣 四十由旬 諸天人民 悉以雜華 抹香燒香塗香 衣服瓔珞 幢幡寶蓋

악, 노래들로 아름다운 칠보 탑에 예배하고 공양하리라. 한량없는 중생들이 아라한과를 얻으며, 한량없는 중생들이 벽지불을 깨달으며, 불가사의한 중생들이 보리심을 내어 물러나지 않는 지위에 이를 것이니라."

부처님께서 비구들에게 말씀하셨다.

"다음 세상에서 만일 선남자 선여인으로서 묘법연화경의 제바달

伎樂歌頌 禮拜供養 七寶妙塔 無量衆生 得 阿羅漢果 無量衆生 悟 辟支佛 不可思議衆生 發 菩提心 至 不退轉
佛告諸比丘 未來世中 若有善男子 善女人 聞 妙法華經 提婆達多品

다 품을 듣고 깨끗한 마음으로 믿고 공경하며 의심을 내지 않는 자는 지옥, 아귀, 축생에 떨어지지 않고, 시방의 부처님 앞에 태어나게 되며 태어난 곳에서 항상 이 경을 들으리라. 만약 사람이나 하늘에 나게 되면 가장 뛰어난 즐거움을 받을 것이고, 부처님 앞에 있게 되면 연꽃으로 화하여서 태어날 것이니라."

이때 하방 세계에서 다보세존

淨心信敬 不生疑惑者 不墮地獄餓鬼畜生 生 十方佛前 所生之處 常聞此經 若生人天中 受 勝妙樂 若在佛前 蓮華化生
於時下方 多寶世尊

을 따라온 지적보살이 다보 부처님께 본국으로 돌아가겠다는 말씀을 드리자, 석가모니 부처님께서 지적보살에게 말씀하셨다.

"선남자야! 잠시만 더 기다려라. 이곳에 문수사리라는 보살이 있으니 만나 보고 묘한 법에 대하여 의견을 나눈 뒤에 본국으로 돌아가도 되지 않느냐?"

그때 문수사리보살이 수레의 바퀴만큼 크고 꽃잎이 천 개나 되

所從菩薩 名曰智積 白 多寶佛 當還本土 釋迦牟尼佛 告 智積 曰 善男子 且待須臾 此有菩薩 名 文殊師利 可與相見 論說妙法 可還本土
爾時 文殊師利 坐 千葉蓮華 大如車輪

는 연꽃에 앉으니, 함께 오는 보살들도 보배 연꽃에 앉았는데, 큰 바다의 사갈라 용궁에서 솟아오르더니, 허공 중에 뜬 채로 영축산으로 와서는 연꽃에서 내려와 부처님 계신 곳으로 가서 두 부처님의 발에 머리 숙여 예배하였다. 공경하기를 마치고 지적보살이 있는 곳으로 가서 서로 문안하고 한쪽으로 물러나 앉았는데, 지적보살이 문수사리에게 물었다.

俱來菩薩 亦坐寶蓮華 從於大海 娑竭羅龍宮 自然涌出 住 虛空中 詣 靈鷲山 從 蓮華下 至於佛所 頭面敬禮二世尊足 修敬已 畢 往 智積所 共相慰問 却坐一面 智積菩薩 問 文殊師利

"인자께서 용궁에 가셔서 교화하신 중생이 얼마나 됩니까?"
문수사리가 말하였다.
"그 수가 한량없고 헤아릴 수 없어서 말로는 할 수 없고 마음으로도 헤아릴 수가 없으니 잠깐만 기다려보시면 직접 보실 수 있을 것입니다."
말이 채 끝나기도 전에 수도 없는 보살들이 보배 연꽃에 앉아서 바다에서 솟아올라 영축산으로

仁往龍宮 所化衆生 其數幾何 文殊師利言 其數無量 不可稱計 非口所宣 非心所測 且待須臾 自當證知 所言未竟 無數菩薩 坐寶蓮華 從海涌出 詣靈鷲山

와서는 허공에 머물렀다. 이 보살들은 모두다 문수사리가 교화하여 제도한 이들이었는데 보살행을 갖추고 모두다 같이 육바라밀에 대하여 의논하고 문답하고 있었다. 본래는 성문들이었으나 허공 중에서 성문행을 말하다가, 지금은 모두다 대승의 공한 이치를 수행하는 자들이었다. 문수사리가 지적에게,

"제가 바다에서 교화한 일이 이

住在虛空 此諸菩薩 皆是文殊師利之所化度 具 菩薩行 皆共論說 六波羅蜜 本 聲聞人 在 虛空中 說 聲聞行 今皆修行 大乘空義 文殊師利 謂 智積曰 於海教化

와 같습니다." 하자 지적보살이 게송으로 찬탄하였다.

　큰 지혜와 덕망과 굳센 용맹으로 한량없는 중생을 교화하여 제도하셨습니다. 지금 여기에 모인 대중들과 저는 모든 것을 다 보았습니다. 실상의 뜻을 말씀하시고 일승의 법을 열어 밝히시고 중생들을 널리 인도하여 깨달음을 빨리 이루게 하셨습니다.

其事如是
爾時 智積菩薩 以偈讚曰

　　大智德勇健　化度無量衆　今此諸大會　及我皆已見
　　演暢實相義　開闡一乘法　廣導諸衆生　令速成菩提

문수사리가 말하였다.

"저는 바다 속에서 항상 묘법연화경만 설하였습니다." 하니 지적보살이 문수사리에게 물어 말하기를,

"이 경은 매우 깊고 미묘하며 모든 경전 중에 보배이며, 세상에는 드문 것입니다. 무릇 중생이 매우 부지런히 정진하고 이 경에 따라 수행하여 부처님이 빨리 된 적이 있습니까?" 하므로 문수사리

文殊師利言 我於海中 唯常宣說 妙法華經 智積 問 文殊師利言 此經 甚深微妙 諸經中 寶 世所希有 頗有衆生 勤加精進 修行此經 速得佛不 文殊師利言

가 말하였다.

"사갈라 용왕에게 딸이 있는데, 나이는 이제 여덟 살이지만 지혜롭고 근기가 뛰어나서 중생들의 모든 근기와 행하는 업을 잘 알고 다라니를 얻어서, 부처님들이 설하신 매우 깊고 비밀스런 가르침을 모두 다 받아들여 잘 지니며, 선정에 깊이 들어 모든 법을 분명히 깨달았습니다.

찰나 사이에 보리심을 일으켜

有 娑竭羅龍王女 年始八歲 智慧利根 善知衆生 諸根行業 得陀羅尼 諸佛所說 甚深秘藏 悉能受持 深入禪定 了達諸法 於刹那頃 發 菩提心

물러나지 않는 자리를 얻었으며,
말하는 솜씨가 뛰어나 걸림이 없
으며, 중생을 사랑하고 생각하기
를 갓난아이를 대하는 것처럼 하
며, 공덕을 갖추어서 마음으로
생각하고 입으로 연설하는 것이
미묘하고 넓고 크며, 자비롭고
어질고 겸손하며, 뜻과 생각이
바르고 부드러워 깨달음에 이르
렀습니다."
지적보살이 말하였다.

得 不退轉 辯才無礙 慈念衆生 猶如赤子 功德 具足 心念口演 微妙廣大 慈悲仁讓 志意和雅 能至菩提 智積菩薩 言

"제가 석가여래를 뵈오니 한량없는 겁 동안 어렵고 괴로운 수행을 하시며 공덕을 쌓으시고, 보리의 도 구하시기를 한 번도 그만두거나 쉬시지 않으셨으며, 삼천대천세계를 살펴보니 겨자씨만한 곳이라도 그가 보살일 때 중생을 위하여 목숨을 버리지 않은 곳이 없습니다.

그렇게 한 후에 보리의 도를 얻었는데, 그 여자가 잠깐 사이에 바

我見釋迦如來 於 無量劫 難行苦行 積功累德 求菩提道 未曾止息 觀 三千大千世界 乃至無有如 芥子許 非是菩薩 捨 身命處 爲衆生故 然後乃得成 菩提道

른 깨달음을 이루었다는 것은 믿을 수가 없습니다."

말이 다 끝나기도 전에 용왕의 딸이 홀연히 앞에 나타나 머리 숙여 예배하고 공경한 후 한쪽으로 물러나 게송으로 찬탄하였다.

죄와 복의 모양을 깊이 통달하시고 시방을 두루 비추시며, 미묘하고 청정한 법신에 삼십이상과 팔십종호를 갖추시어 법신을 장

不信此女 於 須臾頃 便成正覺 言論未訖 時 龍王女 忽現於前 頭面禮敬 却住一面 以偈讚曰

深達罪福相 遍照於十方 微妙淨法身 具相三十二
以八十種好 用莊嚴法身

엄하시니, 하늘과 사람이 우러러 받들고 용과 신이 다 함께 공경하며 일체 중생이 받들어 모시지 않는 자가 없습니다. 듣고 깨달음이 룬 것을 부처님만이 마땅히 아시니, 제가 대승의 가르침을 밝혀 괴로운 중생을 제도하며 해탈하게 하겠습니다.

이때 사리불이 용녀에게 말하였다.

天人所戴仰 龍神咸恭敬 一切衆生類 無不宗奉者
又聞成菩提 唯佛當證知 我闡大乘敎 度脫苦衆生

時 舍利弗 語 龍女言

"그대가 얼마 되지 않은 사이에 위없는 도를 얻었다 하는데 믿기가 어렵구나. 왜냐하면 여자의 몸은 때 묻고 깨끗하지 못하므로, 불법을 믿고 받아 지닐 만한 그릇이 아니기 때문인데, 어떻게 위없는 깨달음을 얻었겠느냐?

부처님의 도는 멀고 넓어서, 한량없는 겁이 지나도록 부지런히 애쓰며 수행을 쌓고 모든 법도를 닦아 갖춘 뒤에야 이루는 것이다.

汝謂不久 得 無上道 是事難信 所以者何 女身 垢穢 非是法器 云何能得 無上菩提 佛道 懸曠 經 無量劫 勤苦積行 具修諸度 然後乃成

그리고 여자의 몸은 다섯 가지의 장애가 있는데 첫째는 범천왕이 될 수 없고, 둘째는 제석이며, 셋째는 마왕이고, 넷째는 전륜성왕이고, 다섯째는 부처님의 몸이니, 어떻게 여자의 몸으로 그렇게 빨리 성불할 수 있었겠느냐?"

그때 용녀에게 가치가 삼천대천세계나 되는 보배 구슬이 하나 있었는데, 이것을 가져다가 부처님께 올리니, 부처님께서 바로 받

又 女人身 猶有五障 一者 不得作 梵天王 二者 帝釋 三者 魔王 四者 轉輪聖王 五者 佛身 云何女身 速得成佛
爾時龍女 有 一寶珠 價値三千大天世界 持以上佛 佛卽受之

으시기에, 용녀가 지적보살과 사리불존자에게 말하였다.

"제가 보배 구슬을 받들어 올리니 세존께서 받으셨는데 이 일이 빠르지 않았습니까?"

"매우 빨랐다."

용녀가 말하였다.

"두 분의 신통력으로 제가 성불하는 것을 보십시오. 이보다 더 빠를 것입니다."

이때 도량에 모인 대중들은 모

龍女 謂 智積菩薩 尊者舍利弗 言 我獻寶珠 世尊 納受 是事疾
不 答言甚疾 女言以汝神力 觀我成佛 復速於此
當時衆會

두다 용녀가 잠깐 사이에 남자로 변하더니 보살행을 갖추고 바로 남쪽의 깨끗한 세계로 가서 보배 연꽃에 앉아 평등하고 바른 깨달음을 이루며 삼십이상 팔십종호를 갖추고, 널리 시방세계의 모든 중생을 위하여 신비스러운 법을 설하는 것을 보았으며, 사바세계의 보살과 성문과 천룡팔부와 인간과 인간 아닌 것들도 모두다 멀리서 용녀가 부처님이 되어, 그곳

皆見龍女 忽然之間 變成男子 具 菩薩行 卽往南方 無垢世界 坐 寶蓮華 成 等正覺 三十二相 八十種好 普爲十方 一切衆生 演說妙法 爾時娑婆世界 菩薩聲聞 天龍八部 人與非人 皆遙見 彼 龍女成佛

에 모여 있는 사람과 하늘에게 널리 설법하는 것을 보게 되었다. 그러자 모두다 크게 기뻐하며 멀리서 공경하고 예배하였으며, 한량없는 중생들이 법을 듣고 이해하고 깨달아 물러나지 않는 지위를 얻었으며, 한량없는 중생들이 도의 수기를 받았다.

남쪽의 깨끗한 세계는 여섯 가지로 진동을 하고, 사바세계의 삼천 중생은 물러나지 않는 지위에

普爲時 會 人天說法 心大歡喜 悉遙敬禮 無量衆生 聞法解悟 得 不退轉 無量衆生 得受道記 無垢世界 六反震動 娑婆世界 三千衆生 住 不退地

머무르고, 삼천의 중생은 보리심을 일으켜 수기를 받으니, 지적보살과 사리불과 일체 중생이 묵묵히 믿고 받아들였다.

제 십이 제바달다품 끝

三千衆生 發菩提心 而得受記 智積菩薩 及 舍利弗 一切衆會 默然信受

第 十二 提婆達多品 終

제 십삼 권지품

 그때 약왕보살마하살과 대요설보살마하살이 그들의 권속인 이만의 보살과 함께 부처님 앞에서 이렇게 맹세하는 말씀을 드렸다.
"오직 원하옵건대 세존이시여! 염려하지 마십시오. 저희들이 부처님 열반하신 후에 이 경전을 받들어 지니고 읽고 외우며 설하겠습니다.

第 十三 勸持品

爾時 藥王菩薩摩訶薩 及 大樂說菩薩摩訶薩 與 二萬菩薩眷屬 俱 皆於佛前 作是誓言 唯願世尊 不以爲慮 我等 於 佛滅後 當奉持讀誦 說此經典

훗날 악한 세상의 중생들은 선근이 점점 작아지고, 깨닫지 못하였으면서도 깨달은 체하는 교만한 마음이 많아지고, 자신의 이기적인 욕망을 위하는 공양만 하고, 착하지 못한 업만 더 지으며, 해탈과는 멀리 떨어져 있어 교화하기는 어렵겠지만, 참는 힘을 크게 내어 이 경전을 읽고 외우고 지니고 해설하며 옮겨 쓰고 가지가지로 공양하며 목숨도 아끼지 않겠습

後 惡世衆生 善根 轉少 多 增上慢 貪利供養 增 不善根 遠離
解脫 雖 難可敎化 我等 當起 大忍力 讀誦此經 持說書寫 種種
供養 不惜身命

니다."

그때 대중 가운데 수기를 받은 오백의 아라한들이 부처님께 말씀하되,

"세존이시여! 저희들도 다른 세계에서 이 경을 널리 설할 것을 맹세하고 발원합니다."

또 수기를 받은 학·무학 팔천 사람도 자리에서 일어나 부처님을 향해 합장하고 이렇게 맹세의 말을 하였다.

爾時衆中 五百阿羅漢 得 受記者 白佛言 世尊 我等 亦自誓願 於 異國土 廣說此經 復有學無學 八千人 得受記者 從座而起 合掌向佛 作是誓言

"세존이시여! 저희들도 역시 다른 세계에서 이 경을 널리 설하겠습니다. 왜냐하면 이 사바세계에는 악한 자가 많은데 뛰어난 체하는 교만한 마음을 가졌으며, 공덕이 천박하여 성을 잘 내어 세상을 흐리게 하며, 아첨하고 바르지 못하며 마음이 진실하지 못하기 때문입니다."

그때 부처님의 이모인 마하파사파제 비구니와 학·무학의 비

世尊 我等 亦當於他國土 廣說此經 所以者何 是 娑婆國中 人多弊惡 懷 增上慢 功德 淺薄 瞋濁諂曲 心不實故 爾時 佛姨母 摩訶波闍波提比丘尼 與 學無學比丘尼

구니 육천 인이 자리에서 일어나 일심으로 합장하고, 눈을 잠시도 떼지 않고 존안을 우러러보았다. 이때 세존께서 교담미에게 말씀하셨다.

"무슨 까닭으로 근심스런 얼굴로 여래를 보느냐? 그대의 이름을 말하지 않으니 아뇩다라삼먁삼보리의 수기를 주지 않을 것으로 생각하고 있구나. 교담미여! 내가 이미 일체의 성문들에게 모

六千人 俱 從座而起 一心合掌 瞻仰尊顔 目不暫捨 於時世尊 告 憍曇彌 何故憂色 而視如來 汝心 將無謂我 不說汝名 授 阿耨多羅三藐三菩提記耶 憍曇彌 我先總說 一切聲聞

두 한꺼번에 수기를 하였는데, 지금 그대가 수기를 알고자 하니 말하여 주겠노라.

그대는 장차 오는 세상에서 육만 팔천억 부처님들의 법 가운데서 큰 법사가 되는데, 육천의 학·무학 비구니도 함께 법사가 될 것이니라.

그대는 이와 같이 보살의 도를 차츰 갖추고 부처님이 되리니 명호는 일체중생희견여래·응공·

皆已授記 今汝欲 知記者 將來之世 當於六萬八千億 諸佛法中 爲大法師 及 六千學無學 比丘尼 俱爲法師 汝如是 漸漸具 菩薩道 當得作佛 號 一切衆生喜見如來 應供

정변지·명행족·선서·세간해·무상사·조어장부·천인사·불세존이라 하느니라.

교담미여! 이 일체중생희견 부처님과 육천의 보살들은 차례로 돌아가며 수기를 주며, 아뇩다라삼먁삼보리를 얻을 것이니라."

그때 라후라의 어머니인 야수다라 비구니가 생각하였다.

'세존께서 수기를 주시면서 유독 내 이름만 말씀하시지 않는구

正遍知 明行足 善逝 世間解 無上士 調御丈夫 天人師 佛世尊 憍曇彌 是 一切衆生喜見佛 及 六千菩薩 轉次授記 得 阿耨多羅三藐三菩提 爾時 羅睺羅母 耶輸陀羅比丘尼 作是念 世尊 於 授記中 獨不說我名

나.'

부처님께서 야수다라 비구니에게 말씀하셨다.

"그대도 오는 세상의 백천만억 부처님들의 법 가운데서 보살행을 닦고 큰 법사가 되어 차츰 불도를 갖추고 좋은 나라에서 마땅히 부처님이 되느니라.

명호는 구족천만광상여래·응공·정변지·명행족·선서·세간해·무상사·조어장부·천인

佛告耶輸陀羅 汝於來世 百千萬億 諸佛法中 修 菩薩行 爲 大法師 漸具佛道 於 善國中 當得作佛 號 具足千萬光相如來 應供 正遍知 明行足 善逝 世間解 無上士 調御丈夫 天人師

사·불세존이라 하리니, 부처님의 수명은 한량없는 아승지 겁이니라."

그때 마하파사파제 비구니와 야수다라 비구니는 그들의 권속과 함께 모두다 크게 기쁘고 미증유를 얻었으므로 부처님 앞에서 게송으로 말하였다.

세존께서는 도사이시고 하늘과 사람을 편안하게 하십니다. 저희

佛世尊 佛壽 無量阿僧祇劫 爾時 摩訶波闍波提比丘尼 及 耶輸陀羅比丘尼 幷其眷屬 皆大歡喜 得 未曾有 卽於佛前 而說偈言

世尊導師 安隱天人

들은 수기하시는 말씀을 듣고 마음이 매우 편안합니다.

비구니들이 이 게송을 마치고 부처님께 말씀드렸다.

"세존이시여, 저희들도 다른 세계에서 이 경을 널리 설하겠습니다."

그때 세존께서 팔십만억 나유타의 보살마하살들을 바라보시니, 이 보살들은 모두 불퇴전의 보

我等聞記 心安具足

諸比丘尼 說是偈已 白佛言 世尊 我等 亦能於 他方國土 廣宣此經 爾時世尊 視 八十萬億 那由他 諸菩薩摩訶薩 是諸菩薩 皆是阿惟越致

살들로서 물러나지 않는 법륜을
굴리며 온갖 다라니를 얻은 이들
이었는데, 자리에서 일어나 부처
님 앞에 이르러 일심으로 합장하
며 생각하였다.

'만일 세존께서 우리들에게 이
경을 지니고 설하라고 분부하시
면 마땅히 부처님의 가르침대로
이 법을 널리 펴리라.'

다시 생각하기를, '부처님께서
지금 묵묵히 계시면서 분부가 없

轉 不退法輪 得諸陀羅尼 卽從座起 至於佛前 一心合掌 而作是
念 若世尊 告勅我等 持說此經者 當如佛敎 廣宣斯法 復作是念
佛今默然

으시니 장차 우리는 어떻게 해야 할까?'라는 생각을 하다가 부처님의 뜻을 공경하며 따르고, 또 본래의 서원을 이루고자 부처님 앞에서 사자후로 맹세의 말을 하였다.

"세존이시여! 저희들도 여래께서 열반하신 후에 시방세계를 두루 다니면서 중생으로 하여금 이 경을 옮겨 쓰게 하고, 받아들여 지니고 읽고 외우며, 그 뜻을 해설하

不見告勅 我當云何 時諸菩薩 敬順佛意 幷欲自滿本願 便於佛前 作 師子吼 而發誓言 世尊 我等 於 如來滅後 周旋往返 十方世界 能令衆生 書寫此經 受持讀誦 解說其義

고 가르침대로 수행하며 바르게 기억하고 생각하게 하겠습니다.

이것은 모두다 부처님의 위대한 힘입니다. 오직 원하옵건대 세존께서는 다른 세계에 계시더라도 멀리서 지켜 봐 주시고 보호하여 주십시오."

보살들이 다 함께 소리내어 게송으로 말하였다.

오직 원하옵건대 염려하지 마

如法修行 正憶念 皆是佛之威力 唯願世尊 在於他方 遙見守護
卽時諸菩薩 俱同發聲 而說偈言

唯願不爲慮

십시오. 부처님께서 열반하신 후 무섭고 두려우며 악한 세상에서 저희들이 널리 설하겠습니다.

　지혜 없는 사람들이 거친 입으로 욕하고 비난하며 칼로 치고 몽둥이로 때리더라도 저희들은 모두다 참아 내겠습니다.

　악한 세상의 비구는 그릇된 지혜를 가지고 있고 마음이 교활하고 바르지 못하며, 얻지 못하였으면서도 얻었다 하며, 스스로를 높

於佛滅度後　恐怖惡世中　我等當廣說　有諸無智人
惡口罵詈等　及加刀杖者　我等皆當忍　惡世中比丘
邪智心諂曲　未得謂爲得

이고 남을 낮추어 보는 마음이 가
득하며, 때로는 아란야에서 누더
기 옷을 입고 한가히 지내면서 참
된 길을 닦는다고 스스로 말하며,
사람들을 가볍게 보거나 업신여
기는 자들입니다.

이익과 공양에만 탐을 내고 집
착하여 속인들을 위하여 설법을
하며, 세상의 공경을 받기 위해 육
신통을 얻은 아라한처럼 할 것입
니다.

我慢心充滿　或有阿練若　納衣在空閑　自謂行眞道
輕賤人間者　貪著利養故　與白衣說法　爲世所恭敬
如六通羅漢

이런 사람들이 나쁜 마음을 품고 항상 세속의 일만 생각하며 '아란야'라는 이름을 빌어 저희들의 허물을 들추어내기 좋아하며 '이 비구들은 이익과 공양에 욕심을 내어 외도의 이론을 말하며 자기네들이 직접 이 경을 만들어서 세상 사람들을 속이고 미혹하게 하며 명예를 구하기 위하여 이 경을 해설한다.'라고 할 것입니다.

是人懷惡心　常念世俗事　假名阿練若　好出我等過
而作如是言　此諸比丘等　爲貪利養故　說外道論議
自作此經典　誑惑世間人　爲求名聞故　分別於是經

또 대중 가운데에서 저희들을 항상 헐뜯기 위해 국왕과 대신과 바라문과 거사와 다른 비구들에게 저희들이 나쁘다고 비방하며 '이 삿된 소견을 가진 사람이 외도의 이론을 설한다.'고 말하겠지만, 저희들은 부처님을 공경하므로 이렇게 나쁜 일들을 모두다 참겠으며, 업신여기려고 '너희들은 모두다 부처다.'라고 말하더라도 이와 같이 빈정거리는 말들

常在大衆中 欲毀我等故 向國王大臣 婆羅門居士
及餘比丘衆 誹謗說我惡 謂是邪見人 說外道論議
我等敬佛故 悉忍是諸惡 爲斯所輕言 汝等皆是佛
如此輕慢言

을 모두 참고 받아들이겠습니다.

　시대가 흐려 있는 악한 세상에는 두렵고 무서운 것들이 많을 것이며, 나쁜 귀신이 그들의 몸 속에 들어가서 욕하고 저희를 비난하고 헐뜯더라도 부처님을 공경하고 믿으므로 마땅히 인욕의 갑옷을 입고 이 경을 설하기 위해 이 어려운 일들을 참겠습니다.

　저희들은 목숨보다도 오직 위없는 가르침을 아끼겠으며, 부처

皆當忍受之　濁劫惡世中　多有諸恐怖　惡鬼入其身
罵詈毀辱我　我等敬信佛　當著忍辱鎧　爲說是經故
忍此諸難事　我不愛身命　但惜無上道　我等於來世

님께서 믿고 맡기신 것을 지키고 보호하겠습니다.

세존께서는 당연히 아시겠지만 혼탁한 세상의 나쁜 비구들은 부처님께서 방편으로 중생들의 근기에 따라 설법하시는 것을 알지 못하면서, 거친 입으로 빈정거리고 수시로 쫓아내며, 탑과 절에서 멀리 떠나게 하는 이와 같은 나쁜 짓들을 할 것입니다. 그래도 부처님께서 분부하신 것을 생각하며

護持佛所囑　世尊自當知　濁世惡比丘　不知佛方便
隨宜所說法　惡口而顰蹙　數數見擯出　遠離於塔寺
如是等衆惡　念佛告勅故

이런 일들을 모두다 잘 참겠으며, 시골이건 도시이건 법을 구하는 자가 있으면 어느 곳이든지 가서 부처님께서 부촉하신 법을 설하겠습니다.

저희는 세존의 심부름꾼이므로 어떠한 사람에게라도 무서울 것이 없습니다. 저희들이 설법을 잘 하겠으니 원하옵건대 세존께서는 편안히 계십시오. 저희가 부처님과 시방에서 오신 부처님들 앞에

皆當忍是事　諸聚落城邑　其有求法者　我皆到其所
說佛所囑法　我是世尊使　處衆無所畏　我當善說法
願佛安隱住　我於世尊前　諸來十方佛

서 이와 같은 맹세의 말씀을 드리니 부처님께서는 저희들의 마음을 알아주십시오.

제.십삼 권지품 끝
묘법연화경 제 사권 끝

發如是誓言 佛自知我心

第 十三 勸持品 終
妙法蓮華經 卷 第 四 終